끝까지 가라

Go
the
Distance

웨이처치의 급진적 교회 이야기

끝까지 가라

송준기

규장

또 내가 네게 이르노니 너는 베드로라
내가 이 반석 위에 내 교회를 세우리니 음부의 권세가 이기지 못하리라
마 16:18

κἀγὼ δέ σοι λέγω ὅτι σὺ εἰ᾿ Πέτρος, καὶ ἐπὶ ταύτῃ τῇ πέτρᾳ
οἰκοδομήσω μου τὴν ἐκκλησίαν καὶ πύλαι ᾅδου οὐ κατισχύσουσιν
αὐτῆς. Ματθαῖον 16:18

이 시대 성도들에게 꼭 말해주고 싶다. 교회는 참 좋은 곳이라고. 내가 생명을 얻은 곳이고, 또 그 생명을 전하기 위해 몸부림치는 곳이기 때문이다. 그러기 위해 교회는 예수님이 그러셨던 것처럼 격렬히 움직여야 한다. 멈추면 상한다. 이는 성도 개인도 마찬가지다. 그런 생동하는 교회와 성도의 한 전형을 웨이처치Way church를 통해 본다. 이 책은 내게 교회에 대한 설렘과 강한 기대, 그리고 아름다운 추억을 소환한다.

이찬수 분당우리교회 담임목사

송준기 목사는 한국 전통 교회의 부적응자이며, 제도권 교회 사역자의 기준으로 보면 자격 미달자처럼 보인다. 하지만 그는 부르짖는 기도를 즐겨하는 기도자요, 번화가의 한복판에서 "예수 천당, 불신 지옥"을 외치는 거리 전도자이다. 또한 자신이 모델로 삼은 사역자 상像을 살아내려고 몸부림친다. 그런 점에서 누구보다 한국적인 신앙 DNA를 가진 전통 신앙인이 분명하다.

이 책에 담긴 교회에 관한 신학적 내용은 많은 사역자와 성도들이 이미 알고 있다. 그러나 송 목사는 그것을 삶으로 이루어간다. 그래서 그의 사역은 매우 실천적이고 개혁적이다.

신학교와 전통 교회에서 인정받는 사역자들은 그의 생각과 사역을 보며 그 순진함에 콧방귀를 끼거나 자신의 세속성을 탄식하게 될 것이다. 나는 이 책을 통해 심오한 진리는 단순하며, 지속적인 실천에 힘이 있음을 다시금 깨닫는다.

정명호 혜성교회 담임목사

'교회'를 생각하면 내 가슴 한편이 아릿하다. 국내외 많은 교회와 협력하다 보면 눈물이 앞설 때가 많다. '좋은 교회가 무얼까?' 이런저런 고민이 깊어갈 때, 웨이처치를 만났고, 소망이 생겼다. 복음의 원시시대를 만난 것 같았다.

웨이처치는 투박하고 정제되지 않은, 그러나 쉽게 부서지지 않을 강력한 힘을 지닌 공동체이다. 이 힘을 가까이서 계속 느끼고 함께하고 싶어 한 건물 안에서 부대끼고 있다. 이 공동체가 그냥 좋다. 예수님이 그냥 좋은 것처럼.

박종렬 조이어스교회 담임목사

오래된 새로운 교회

솜 꺼진 방석

내 모교회는 산 위에 있었다. 은퇴를 몇 년 앞둔 목사님은 느린 걸음으로 매일 같은 시간에 산을 오르시곤 했다. 완산동 골목, 좁은 오르막길을 따라 꼬치산 꼭대기에 이르면 그 분의 기도처가 있었다. 그 분은 늘 일찍 주무시고 자정에 일어나셨다. 그리고 새벽기도회가 시작되는 4시 30분까지 교회 강대상 아래에서 매일 기도하셨다. 목사님은 기도꾼이셨다.

목사님은 항상 사모님과 함께 다니셨다. 정시기도의 자리도 예외가 아니었다. 연로하신 두 분이 철야를 함께하셨다. 남편은 강대상 아래, 아내는 그 기도실 끝에 무릎을 꿇었다. 늘 문제 많았던 교회는 회개하는 죄인들로 가득했고, 두 분은 기도로 그들을 지키셨다.

강대상 밑에는 무릎자리의 솜이 꺼져버린 오래된 방석이 있었
다. 처음에는 붉은색이었을 비단이 낡아 색이 바래고 너덜거렸
다. 그 옆에는 모나미 볼펜 한 자루와 300원짜리 학생노트가 있
었다. 거기에는 수백 명이 넘는 성도들의 이름이 적혀있었고, 그
뒤로 기도제목들이 빼곡했다. 군데군데 눈물이 묻었다 말랐는지
노트는 얼룩져있었다.

마룻바닥

그 기도노트를 처음으로 몰래 펼쳐본 것은 고등학교 2학년 때
였다. 안방까지 구둣발로 쳐들어온 빚쟁이들 때문에 놀란 어머니
가 몸져누웠던 다음 날이었다. 나는 종일 학업에 집중할 수 없었
다. 진로와 복잡한 가정상황 사이에서 마음이 절박했다. 야간자
율학습을 마치고 산꼭대기 교회로 향했다. 목사님이 매일 기도하
시던 자리가 나를 반겼다. 나는 본대로 따라 기도했다.

교회 기도실 문을 열면 늘 나무 냄새가 났다. 오래된 마룻바닥
이 칸칸이 얼룩덜룩했다. 종일 기도장소를 찾던 나는 바닥에 이
마를 대고 엎드렸다. 바닥에서 눅눅한 냄새가 났다.

부모님은 많은 사람들에게 채무자였다. 당시 어린 내가 상상

할 수 없을 만큼 큰 빚이 있었다. 사랑은 공감을 불러일으켰다. 부모의 채무는 자식의 고통이었다. 나는 빚을 대신 갚아주고 싶다며 기도하기 시작했다.

갑티슈

눈물이 기도보다 먼저 나왔다. 기도는 뜻대로 진행되지 않았다. 오히려 예수님을 너무 사랑한다는 내용으로 바뀌었다. 기도할 수 있도록 그 자리에 교회를 주셔서 감사했다.

논 팔고 집 팔아서 산꼭대기에 교회를 지었다던 장로님들이 존경스러웠다. 보자기에 붉은 벽돌을 서너 개씩 둘러메고 종일 땀 흘리셨다는 권사님들이 고마웠다. 교회를 시작하시려고 골고다를 피로 물들이신 십자가의 예수님이 너무나 그리웠다. 교회를 주신 하나님이 정말 고마웠다.

빚을 갚는 것이야 어떻게 되든 마음이 편했다. 문제를 이긴 평안이었다. 한 시간 동안 눈물과 콧물로 범벅이 되어 휴지를 찾아 기도실 여기저기를 둘러봤다. 강대상 뒤, 할아버지 목사님 기도 방석 옆의 갑티슈가 보였다. 그것을 가져다가 마룻바닥 위의 얼룩들을 닦았다. 닦인 자리엔 또 얼룩이 생겼다. 30년 동안 생긴

눈물 얼룩들 위로 젖은 나무 냄새가 났다.

휴지를 제자리에 가져다 놓으며 목사님의 방석을 보니 또 눈물이 났다. 그 기도자리에 나도 무릎을 꿇어봤다. 그 분의 기도 온기에 안기고 싶었다. 성령님의 탄식이 들리는 듯했다. 들고 있던 휴지조차 거룩해 보이던 자리, 기도처였다.

기도노트

갑티슈 옆에 있는 기도노트를 발견했다. 작은 등 하나가 기도 방석 옆에 있었다. 노트에 빼곡히 적힌 이름들이 그 불빛 아래 빛났다.

주일학교 공과공부를 마치면 자신의 자취방에 데려가 라면을 끓여주던 대학생 선생님들, 관절염이나 신경통에 시달리는 몸으로 꾸부정히 들어와 새벽마다 예수님의 이름을 부르짖던 할머니 권사님들과 할아버지 장로님들, 새벽마다 교회 버스를 운전하시던 손마디 굵은 집사님들, 교회 김장 때 집에서 암돼지를 싣고 와서 함께 나눠먹던 청년들, 가난하던 부목사님들과 그 자녀들, 남편 없는 아이 엄마들의 이름…. 그 틈에 내 이름도 있었다.

당신이 외로이 홀로 남았을 때
당신은 누구에게 위로를 얻나
주님은 아시네 당신의 마음을
그대 홀로 있지 못함을
조용히 그대 위해
누군가 기도하네
네가 홀로 외로워서 마음이 무너질 때
누군가 널 위해 기도하네

할아버지 목사님은 매일 자정부터 기도하셨다. 나도 야간자율학습이 끝나면 교회로 달려가 자정까지 기도했다. 나를 위해 기도해주시는 분을 위해 기도했다. 그러다 목사님과 사모님이 철야하러 오시는 시간이 되면 교회 마당으로 뛰어나가 기다렸다. 그때마다 노부부는 나를 안아주셨다.

우리는 서로에게 영적 혈육이었다. 그 분은 내 친할아버지가 아니지만 목양을 통해 영적 할아버지가 되셨다. 손주는 그 분의 기도를 따라 하기 시작했다.

기도 전염

처음에는 예수님이 기도하셨다. 그 다음에는 사도들이 기도했다. 그리고 그들의 제자들과 또 다른 제자들이 보고 따라 했다. 그렇게 2천 년이 넘게 흐르면서 내 차례도 왔다.

나는 먼저 우리 반 출석부를 기도실에 가져왔다. 그리고 한 번에 한 명씩 이름을 부르며 기도했다. 보고 배운 것은 따라 하기가 쉬웠고, 행한 것은 금세 몸에 배었다.

이후로도 가는 곳마다 그랬다. 대학에서도, 군대에서도 기도노트에 이름들을 적어놓고 기도했다. 주일학교 교사를 할 때도, 학원에서 파트타임으로 가르칠 때도 학생들 이름을 적어두고 매일 기도했다. 신문과 우유를 배달할 때도, 고시원에서 총무 아르바이트를 할 때도 장부에 적힌 이름들을 부르며 매일 기도했다. 그러다가 나도 목사가 되었다. 오늘도 내 무릎 위에는 성도들의 이름이 빼곡한 노트가 놓여있다.

오래된 교회

웨이처치 이야기를 쓰려고 하니, 내가 "할아버지!"라고 부르던 그 목사님이 자꾸만 떠오른다. 그 분은 내 교회 개척의 스승이고, 목양의 모범이며, 이 스토리의 원년이다. 교회 개척에 필요한 모든 것을 나는 그 산꼭대기 기도처에서 배웠다. 그러지 못했다면 교회를 기도로 개척하는 일은 할 수 없었을 것이다.

할아버지 목사님은 기도로 교회를 지키고, 말씀을 준비하고, 심방을 하며 문제를 돌파하는 것을 보여주셨다. 또한 나는 가정을 이끌고, 리더십을 섬기고 위임하는 법도 그곳에서 보았다.

많은 사람들이 웨이처치를 "새로운 형태의 교회"라고 부른다. 어떻게 임대차 계약서 한 장 없이 교회가 될 수 있는지를 배우겠다고 찾아온 이들도 있었다. 그들은 제자화 모임 그 자체로 어떻게 교회 개척을 하는지 궁금해했다.

하지만 적어도 내게는 전혀 새로울 것이 없다. 특별한 방법론이 없는 교회다. 단지 한 번에 한 영혼씩 품고 기도하다 보니 덜컥 이뤄진 교회다. 나도 웨이처치도 별다른 특이점이 없다. 오래된 방식을 고수하는, 오래된 교회다.

교회란 무엇인가

나는 모태신앙인이다. 평생 교회를 다녔다. 그러나 교회가 아닌 '교회 건물'에 다닐 때에는 늘 떨칠 수 없는 의혹들이 있었다. 주일예배에 가장 많은 헌금을 사용하는 것이 왠지 거슬렸다.

일주일 단위의 판에 박힌 신앙 스케줄도 뭔가 석연치 않았다. 일 년 단위로 교회를 떠나는 각 부서 리더들의 뒤태는 불안해 보였고, 정기적으로 진행되는 형식적인 회의와 프로그램의 목적이 의아했다.

성직자답지 않은 언행을 가진 목사님들이 이해되지 않았고, 그들을 신성시하며 옳고 그름 따위는 간단히 무시해버리는 사람들은 외계인 같았다.

'무엇인가 틀림없이 잘못되었다'라는 생각을 떨칠 수 없었다. 처음에는 자책도 했다. '어쩌면 교회를 불편해하는 내가 문제일 거야'라고 생각했다. 죄인인 내가 거룩한 교회에 대해 함부로 생각하면 안 될 것 같았다. 감히 무엇인가 잘못되었다고 생각하는 나 자신이 문제라는 생각도 꽤 오랫동안 했다. 교회 내의 강력한 위계질서와 조직 분위기도 한 몫 했다. 그러면서 슬그머니 질문이 생겼다.

"교회란 무엇인가?"

이 질문은 10년 가까이 반복되었다. 성경을 뒤지고 또 뒤졌다. 가랑비에 속옷 젖듯이 지식과 이해가 몸에 스몄다.

무엇인가 잘못되었다는 생각은 애초에 막연했다. 그런데 막연한 생각들이 꼬리에 꼬리를 물고 진행되자 점점 더 교회는 무엇인가에 대한 생각이 자라났다. 그러면서 성경은 이에 대해 결코 모호하지 않음을 확인했다.

하나의 질문이 오랜 시간이 흐르면서 웨이처치 교회론으로 성장했다. 그것은 실행을 통해 또 다른 '예수님의 제자' 열매들을 맺었다. 그리고 그 열매들은 또 교회가 되어갔다.

우리는 지금도 교회 안에 있는 '세상의 제자들'에게 여전히 같은 질문을 던진다. 때로는 욕먹고, 때로는 칭찬을 받으며 나도 점점 교회를 배우고 있다.

끝까지 가라

나는 경건의 비밀을 할아버지 목사님에게서 배웠다. 그 분의 기도 습관을 따라 익혔다. 구원은 선물이지만, 경건은 훈련이다. 훈련에는 반복이 필수다.

매일 기도로 자신의 사명을 수행하는 지속성은 공짜로 얻을 수 없다. 교회도 믿음의 일을 지속할 때 얻는다.

진리의 실행은 반드시 훈련을 통한다. 잘못된 것을 판단할 수 있는 상식, 옳은 것의 부재를 불편해할 지식, 대안을 제시하고 실행할 용기, 지속할 수 있는 믿음과 확신은 훈련을 요구한다.

환경이 어렵고 못 배웠어도 호구지책은 다 있다. 하나님 없는 어두운 인생들도 살기 위해 지속하는 삶의 방편들, 어렵다고 그것마저 포기하는 사람은 세상에서도 드물다. 하물며 하나님의 은혜를 얻고, 예수 그리스도를 알며, 교회를 실행하는 우리에게 결코 멈출 수 없는 경건의 일상이 있다. 기도와 말씀이다. 어렵다고 포기할 수 없는, 내 생명과 사명이 달린 일들이다.

예수 안에서 믿음으로 거듭난 인생이라면 신앙의 엔진을 중도에 멈추지 마라. 거룩한 면류관을 향한 인내의 훈련을 게을리하지 마라. 전도와 선교와 복음 전파를 위한 투자와 연구를 아끼지 마라.

기도와 말씀, 제자화 그리고 무엇보다 교회를 멈추지 마라!

송준기

추천글

프롤로그

PART 1 **교회는 제자들이다**

01 누가 교회인가 23

02 누가 개척자인가 33

03 누가 기도했는가 43

04 누가 원류인가 51

05 무엇이 먼저인가 63

PART 2 **교회는 액션이다**

06 모범이 되라 77

07 모여서 말씀을 배워라 89

08 한 번에 한 영혼을 키워라 99

09 옳은 일을 계속하라 113

10 반대에 부딪혀도 지속하라 125

차례

PART 3 **교회는 겸손하다**

11 우리는 팀이다 147

12 우리는 성경을 수호한다 161

13 우리는 기능과 형태를 구별한다 169

14 우리는 돈을 준비한다 185

PART 4 **교회는 담대하다**

15 메신저가 아니라 메시지다 201

16 객체가 아니라 공동체다 211

17 이념이 아니라 진리다 221

18 네가 이겨야 나도 이긴다 231

19 예수님을 믿는 것이 우리의 일이다 241

20 예수 네트워크로 존재하라 249

에필로그

부록

PART 1

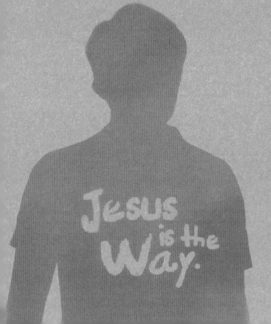

교회는 제자들이다

교회는 예수님의 터 위에 섰다.

예수님의 말씀을 믿고

실행하는 사람들이 모여

교회로 불려온 지 2천 년이 넘는다.

예수님은 그동안 한 번도 누군가에게

교회를 개척하라고 명령하시지 않았다.

오히려 교회는 예수님 당신이

직접 세우시겠다고 말씀하셨다(마 16:18).

다만 우리에게 가서 제자 삼으라고 하셨을 뿐이다(마 28:19,20).

나는 너희를 위하여 기도하기를 쉬는 죄를
여호와 앞에 결단코 범하지 아니하고
삼상 12:23

누가 교회인가

01

굶식기도

고민이 많았다. 대학 이후의 진로에 대해 매일 아침 기도하며 마지막 학기를 보냈다. 그러나 내가 원했던 응답은 없었다. 누구 하나 내게 취업을 제안하러 오지도 않았고, 딱히 하고 싶은 일이 생기지도 않았다.

오히려 그 기도시간들 자체가 너무 좋았다. 하나님과 대화하는 시간이었기 때문이다. 진로에 대해서는 어느 방향에 대한 사인도, 마음의 확신도 없었다.

하루하루는 빨리 흘렀다. 아무것도 정해진 것 없이 졸업식이 다가왔다. 그 무렵 교회 형이 함께 기도하러 가자고 했다. 1학년 때부터 함께 신앙생활을 했던 멋진 선배였다.

우리는 가까운 기도원에 가서 7일간 금식하며 진로를 놓고 기도했다. 평생 처음 해보는 오랜 금식이었다. 첫날 기도를 시작하는데 은혜가 넘쳤다. 힘차게 찬송하고 부르짖어 기도하는데 세상이 다 내 것 같았다.

그렇게 세 시간쯤 기도했더니 배가 고팠다. 허기가 은혜를 빼앗았다. 기도를 멈추었다. 계속 밥 생각이 났다.

'왜 일주일이나 금식하기로 했던가!'

후회가 되기 시작했다.

하루가 지나자 치약도 맛있었다. 성경책은 치킨박스 같고 강대상은 자판기 같았다. 라면에 계란을 풀어서 끓여먹는 상상을 하며 하루를 보냈다. 금식을 멈추고 싶었다. 하지만 선배가 옆에서 너무 뜨겁게 기도하고 있었다. 나만 도망갈 수는 없었다. 약속을 번복하는 것은 의리가 아니었다.

그날 저녁예배 때 한 설교자가 "금식은 밥 굶기가 아니라 기도가 핵심이다"라고 하셨다. 또 기도는 응답이 아니라 하나님과 교제가 목적이라고도 했다. 그가 정곡을 찔렀다. 정신이 번쩍 들었다.

나는 중요한 결정을 하기 직전에 하나님과 온전히 교제하기로 작정한 7일 중 2일이나 낭비한 것만 같았다. 그래서 그날 밤부터 더욱 간절히 기도하기 시작했다.

하나님이 주신 은혜는 내 마음부터 바꾸었다. 그러자 행동과 환경이 변했다. 남은 날이라도 그분과 깊이 교제하겠다는 결심 때문이었다. 허기가 느껴질 때마다 의지는 더욱 강해졌다. 내 인생의 가장 중요한 결정을 해야 하는 시기에 하나님과 온전한 교제의 시간을 갖겠다는 생각이 더 깊어졌다.

단호한 상경

2일의 굶식과 5일의 금식기도를 마치자 내 마음에 새로운 소원이 들어왔다. 목사가 되고 싶었다. 목회가 하고 싶었다. 사실 어렸을 때부터 주변 사람들이 목사나 선교사가 되라고 내게 조언했다. 하지만 한 번도 귀담아 듣지 않았다.

목양이나 선교는 변화산에 올라 모세와 엘리야와 함께 예수님과 대화한 사람만이 하는 일이라고 생각했다. 아니면 천둥과 폭풍 속에서 하나님의 쩌렁쩌렁한 음성을 들었다거나, 심각한 질병이 기적적으로 나았다거나, 목숨을 바치기로 서원한 사람들이나 가는 길이라고 생각했다.

그런 내게 전혀 예상치 못한 일이 일어났다. 기대했던 것처럼 소명이 화끈하게(?) 주어지지 않더라도 상관없었다. 무조건 목사가 되고 싶었다. 그것도 '당장' 되고 싶었다. 조금도 지체하고 싶지 않았다. 금식기도를 마치자마자 이불 보따리를 들고 서울로 올라갔다. 모교회 목사님이 공부하신 신학교가 서울에 있다고 들었기 때문이다.

일단 학교가 있는 사당동으로 갔다. 어머니께 공중전화로 소

식을 전했다. 밤 9시였다. 배가 무지 고팠다. 주머니에는 3만 원
이 있었다. 동네를 돌다 보니 언뜻 '숙식 제공' 아르바이트 광고
가 눈에 띄었다. 고시원 앞이었다.

매직 고시원

다른 선택이 없었다. 나는 매직 고시원에서 24시간 총무 아르
바이트를 시작했다. 사무실을 밤새 지키고, 120개의 방을 돌면
서 시기에 맞춰 월세를 수금하는 일이었다. 밥은 공짜였고, 월급
은 방을 제공받는 조건으로 60만 원이었다.

그곳은 매우 비좁았다. 사무실도 책상 하나와 침대 하나가 간
신히 들어가는 크기였다. 하지만 상관없었다. 무조건 신학대학
원에 진학해야 했으니까.

방마다 돌며 수금을 하는데 마음이 참담했다. 고시원에는 나
보다 더 가난한 사람들이 가득했다. 알코올과 마약 중독자, 가
출 청소년, 직업여성들, 사업에 실패하고 빚쟁이들을 피해 숨어있
는 가장들.

그들을 만나면서 가슴에 불이 붙었다. 목사가 되기 위해 오래
기다릴 필요가 없어 보였다. 나는 장부를 하나 더 만들었다. 원
래 있던 장부는 수금을 위한 것이었고, 다른 하나는 전도를 위한
것이었다. 그 장부의 표지에 "매직교회"라고 적었다.

그 안에 고시원 방 번호와 이름을 썼다. 그리고 각자의 기도제목을 넣을 빈칸을 만들었다. 매일 7개의 방을 방문하며 나름 심방을 시작했다.

예수님은 세리와 죄인의 친구셨다(눅 7:34). 그분이 서울 어딘가를 방문하신다면 그곳이 매직 고시원일 것만 같았다. 그들은 하나같이 예수님이 절실히 필요한 사람들이었다. 가난하고, 심신이 망가지고, 진리의 빛이 없어서 고생하고, 어둠의 세력에게 정신적으로 억압받고, 영적으로 짓눌려 있었다. 그들과 함께 내 고시원 목회가 시작되었다.

66호

사무실에서 노트를 들고 기도한 후에 각 방을 방문했다. 사람들은 수금날짜가 아닌데 총무가 방문한 것을 의아해했다. 나는 "새로 온 총무라 대화를 해보고 싶어서 찾아왔다"라고 했다. 한 명도 거절하는 사람이 없었다. 대화는 주로 고시원 옥상에서 했다. 거기에 비바람에 낡은 소파가 두 개 있었다.

전도가 시작된 지 몇 주가 지났다. 그런데 유독 66호 아저씨를 만나기가 힘들었다(이름은 기억이 안 나고 방 번호만 기억난다). 그 방에서는 시체 썩는 냄새 같은 것이 났다. 노크를 해도 늘 대답이 없었다.

그러던 어느 날, 그가 방문을 열고 대화에 응해주었다. 대부분의 시간을 방에만 틀어박혀 지내던 그는 마약중독자에 도망자였다. 사업에 실패하고 동업자에게 배신을 당해 사기 누명까지 쓴 모양이었다.

명문대를 졸업하고 유학까지 다녀온 수재로, 단란한 가정을 꾸렸고, 약국사업도 승승장구했다고 한다. 10개가 넘는 약국이 모두 잘되는 중에, 그가 마약성 약품을 빼돌리기 시작했다.

이 사실을 안 동업자가 그를 신고했다. 그 과정에서 배신감을 느낀 그는 망가지기 시작했다. 둘은 죽마고우였지만 어느 순간부터 심하게 서로를 미워했다.

그러던 어느 날, 동업자가 서류를 꾸며 모든 재산을 처분한 후 사라졌다. 결국 그는 혼자 엄청난 채무를 떠안았다. 그는 가정을 보호하기 위해 아내와 서류상 이혼을 하고 1년 정도 숨어 살았다. 그러는 중에 다시 마약을 시작했고, 감옥에도 여러 번 다녀왔다. 결국 가족은 뿔뿔이 흩어졌고, 그는 매일 술과 약을 달고 살게 되었다.

점심에 시작한 그의 이야기가 저녁까지 이어졌다. 그는 말을 다 마치자 내게 고기를 사주고 싶다고 했다. 자기 이야기를 누군가가 이렇게 오래 들어준 적이 없다면서. 또 대화를 하다가 반나절이나 술을 먹지 않은 스스로를 대견스러워했다.

옥상 예배

"그런데 뭐 하는 사람이기에 내 이야기를 이렇게 오래 들어주는 거죠?"

그가 물었다. 나는 떠오르는 대로 바로 대답했다.

"사랑해서요."

뜬금없는 짧은 말에 하나님이 역사해주셨다. 한동안 침묵하던 그가 갑자기 눈물을 흘리며 말했다. 오가면서 내가 기도하는 모습을 여러 번 봤다고. 처음에는 내가 아픈 줄 알았는데 볼 때마다 웅크리고 중얼거려서 한번은 엿들었다고(고시원은 방음이 전혀 되지 않아 조금만 귀를 기울이면 다 들렸다).

그랬더니 고시원 사람들의 이름을 부르며 기도하더라는 것이었다. 그 후로 새로 온 총무가 방마다 방문해서 대화를 하며 전도한다는 소문도 들었다고 했다. 내가 목사가 될 사람이라는 소문도….

그래서 평생 교회에 한 번도 가본 적이 없지만 자기 차례가 되기를 오래 기다렸다고 했다. 그가 눈물을 훔치며 말했다.

"하나님이 정말 계세요? 그러면 저는 뭘 하면 되죠?"

나는 한 것이 없었다. 단지 그를 위해 몇 주 동안 기도했을 뿐이다. 그를 만나서도 반나절 동안 그의 험난했던 인생 이야기를 들어준 것이 전부였다. 그는 하나님이 이미 전도를 해두신 영혼이었다. 내가 대답했다.

"예수님을 믿으시면 돼요. 형님, 제가 기도해드릴게요."

우리는 갈매기살을 굽던 그 자리에서 함께 영접기도를 했다. 그리고 내가 읽던 성경책을 그에게 주었다. 우리는 식사 후에 다시 옥상으로 올라갔다.

그날 밤, 매직 고시원 옥상에서는 철야예배가 진행되었다. 나는 그에게 찬송가 〈나 같은 죄인 살리신〉을 가르쳐주었다. 우리가 찬송을 100번쯤 부르는 동안, 지난 몇 주간 예수님을 영접했던 다른 사람들이 하나둘 옥상으로 올라왔다.

변화

구원받는 자들이 점점 늘어갔다. 하나님은 고시원에도 교회를 세우셨다. 우리는 오가며 서로 반가워했다. 함께 밥을 먹고, 성경 말씀을 나누며, 기도와 찬양을 드렸다. 고시원 옥상은 예배로 점점 시끄러워졌다.

변화는 눈에 띄었다. 누가 자기 반찬을 먹었냐며 냉장고를 붙들고 서로에게 쌍욕을 하던 누나들이 온순해졌다. 술에 취해 늘 신세한탄을 하던 재수생이 공부를 다시 시작했다. 밤마다 시끄럽게 주정을 하던 일당 노동자 할아버지가 밤에 조용히 주무셨다. 가출해서 클럽이나 술집에서 일하던 청소년들이 변화되어 집으로 돌아갔다.

예수님 때문에 고시원을 떠나는 사람들이 점차 늘어갔다. 한 명씩 떠날 때마다 더 많은 사람들이 믿음의 힘을 얻었다. 새 생명과 새 힘을 얻어 삶의 현장으로 돌아가는 그들의 모습에서 예수님이 보이는 듯했다. 또 다른 사람들의 변화도 더 빨라졌다.

누구도 그들을 고시원 옥상 예배에 붙잡아두려고 하지 않았다. 예수님 때문에 모이고, 그분 때문에 떠났던 곳, 고시원 교회였다.

진실은 진실한 행동에 의해서만 다른 사람에게 전달된다.

톨스토이 | Leo Tolstoy

나를 따라오라 내가 너희로
사람을 낚는 어부가 되게 하리라
막 1:17

02

누가 개척자인가

떠남

떠나는 사람들을 보면서 시몬과 안드레가 떠올랐다. 예수님을 만나기 전까지 그들은 어부였다. 예수님은 그들에게 다가가서 다짜고짜 "나를 따라오라"고 명령하셨다(막 1:17). 그리고 사람을 낚는 어부로 만들어주겠다고 약속하셨다.

그 명령 앞에 둘은 조금도 지체하지 않았다. 말씀에 의하면 즉시 예수님을 따라갔다. "곧 그물을 버려두고 따르니라"(막 1:18). 그들에게 예수님을 따른다는 것은 '즉각 떠남'을 의미했다. 우리도 그 부름을 받았다.

제자들의 떠남에는 목적이 있었다. 바로 예수님을 따라가는 것이었다. 따라가는 것이 제자의 일이었다면, 사람을 낚는 어부로 변화시키는 것은 예수님의 일이었다. 그분을 따라갔던 제자들은 나중에 말씀대로 변했다.

그분은 우리에게도 같은 제안을 하신다. 사람을 낚는 교사를,

운전사를, 주부를, 회사원을 말씀하신다. 다양한 삶의 현장에서 모든 크리스천에게는 하나의 원칙이 제안되었다. 그것은 사람을 낚는 일, 즉 제자화이다.

같은 길

크리스천은 예수님을 따르는 사람, 즉 제자이다. 그들은 '어부'를 떠나 '사람을 낚는 어부'로 삶의 방식이 바뀐다.

제자화는 교실 기반의 수업이라기보다는 특별한 삶의 방법이다. 제자들은 자신의 삶을 전혀 다른 관점으로 바라본다. 언제 어디서 누구를 만나든 제자를 삼아, 세례를 주고, 예수님의 말씀을 가르쳐 지키게 하기 위해 애쓴다.

예수님을 따르는 사람이 다른 사람에게 그 모범을 보여준다. 이를 보고 배운 사람들이 또 같은 일을 한다. 이렇게 살아가는 삶의 방식이 제자화이다. 예수님이 이 일을 시작하셨다. 빛이 있으면 어둠이 떠나고, 소금이 있으면 부패가 방지되듯 그분의 제자가 있는 곳에서는 제자화가 진행된다.

제자는 또 다른 제자들에게 같은 일을 명령했다. 그러면 변화는 예수님이 주도하셨다. 교회는 늘 제자화의 결과물이었고, 그분에 의해 주어졌다(마 16:18, 고전 3:6).

예수님은 제자화 사역을 하시고, 십자가에서 고난당하시고,

죽으셨다. 또한 기독교 역사 속에서 셀 수 없이 많은 제자들이 같은 길로 갔다. 살아도 주를 위해 살고, 죽어도 주를 위해 죽었다. 제자화의 결과로 사자우리와 장작더미와 감옥의 사형장에서 숱하게 죽어갔다. 제자들은 순교자들이었다.

오염

밀라노 칙령이 있었던 AD 311-313년은 기독교 역사에서 중요한 해이다. 로마의 콘스탄티누스 황제는 '모든 종교에 대해 로마는 중립적 입장을 취한다'고 발표했다. 이것은 적극적으로 기독교를 장려하고 보호하려는 최초의 국가 정책이었다. 초기 300년간의 극심한 박해는 그때부터 급격히 자취를 감췄다. 교회가 승리하는 듯했다.

그러나 아이러니하게도 기독교가 황제의 보호를 받는 위치로 승격되면서 제자화가 급속도로 중단되기 시작했다. 예수님을 따른다는 이유로 형장의 이슬이 되었던 시대가, 예수님을 따르기 위한 떠남을 멈추고 사람을 낚는 삶의 방법을 죽이는 시대로 바뀌었다.

박해가 사라지기 이전의 교회는 단순했다. 예수님을 따르는 삶의 결과물이고, 제자들의 모임이었다. 제자화가 진행되는 곳에 교회가 있었다. 심지어 초대교회의 박해자도 교회를 제자들로 볼 정도였다(행 8:1-3, 9:2,17-22).

제자들의 모임이라서 교회는 누구나 세울 수 있었다. 그러나 초기의 박해가 멈추고 교회가 국가 제도로 편입되자, 교회란 소수의 특별한 사람들만이 할 수 있는 매우 복잡한 것으로 바뀌었다. 이것은 변화가 아니라 오염이었다.

국가 리더십은 제자화를 위해 떠나는 대신에 한 장소에 머물러 교회 건물을 쌓아올렸다. 예수님만 하실 수 있는 명령인 "따라오라"를 받아 "떠나"가는 사람들이 사라졌다. 오히려 멋진 국가 건물들 안에서 "들어오라, 그리고 떠나지 마라"라고 명령하기 시작했다.

자신의 건물을 갖게 된 교회는 제자화 중심의 교회 전통에서 많이 벗어났다. 더 멋진 건물, 더 화려한 옷, 더 높은 위계로 올라가려고 노력했다.

시몬과 안드레는 그물을 버려두고 예수님을 따라나섰다. 그러나 오염된 교회의 지도자들은 더 많은 재산과 명성을 쌓아놓고 도무지 떠나지 않았다. 사람 교회 대신 보물창고를 만들어 제자화를 중단시켰다. 사람을 낚는 대신 부와 명성이 교회 성장의 척도가 되었다. 그들은 교회에 인간 계급을 만들고, 인간 사제가 앉을 높은 의자를 금으로 치장했다.

예수님의 부활 승천 이후 약 300년 동안 교회는 그분의 명령을 좇아 끊임없이 떠나야만 했던 삶 그 자체였다. 그러나 밀라노 칙령으로 박해와 순교가 중단되자 교회가 떠남 대신 정착을 선택했고 세속화되어, 역사는 중세의 암흑기를 향해 치닫게 되었다.

문제가 있다

그렇게 천 년 가까운 시간이 흐르는 동안에 사람들은 뭔가 이상하다고 생각했다. 교회에 문제가 있다는 막연한 생각은 '떠나지 않는' 교회 지도자들에 의해 철저히 거부되었다. 문제 제기자들의 신앙은 적대시되었다. "교회가 무엇이냐?"라고 묻던 사람들은 이단으로 정죄되었다. 그리고 다시 수백 년이 흘렀다.

예수님의 교회는 유기체이다. 몸이다. 생명은 자생력을 가지고 있다. 예수의 사람들은 교회에 문제가 있다는 일반적 생각에 대해 설명할 수 있을 만큼 지혜로워졌다. 그것은 인쇄혁명을 통해 급속히 번져갔다. 성경책 보급은 종교개혁의 핵심이었다. 더 많은 사람들이 성경이 교회에 대해 뭐라고 하는지 직접 보게 되자 종교개혁이 일어났다.

그것은 교회의 교회 됨에 대한 회복 운동이었다. 경험과 전통, 지위와 화려한 건물 대신에 하나님의 말씀, 예수님의 명령 자체로 돌아가자는 개혁운동이었다.

교회가 자기 것이라고 주장하던 수많은 권력자들(정치가, 사제,

교황)에게 "NO!"라고 함께 외쳤던 운동이었다. 교회는 그들의 것이 아닌 "예수님의 것"이라는 주장이 거센 불길같이 세계로 번져 나갔다.

검은 옷

오늘날도 그 개혁은 동일한 관점에서 일어나고 있다. "교회는 예수님의 것"에 반(反)하는 모든 명예욕과 소유욕과 교만에 반발해 일어난다.

종교개혁자들은 검은 옷을 입었다. 기존의 사제들이 화려하게 치장해 입었던 금빛 옷들에 반발해 검은 옷으로 자기 자신을 감추려고. 당시 목회자가 검은 옷을 입는 것 자체가 기성 교회들을 향한 거친 항의였다.

만약 당시 사람들이 "왜 우리 목사님은 검은 옷을 입느냐?"라고 물었다면, 개혁주의자들은 이렇게 대답했을 것이다.

"교회는 리더 한 사람이 드러나지 않고 주님이 드러나야 합니다. 교회는 예수님의 것이기 때문입니다. 그래서 저는 이 교회의 목사지만 저 자신을 가리고 청중들로 하여금 하나님만 보게 하려고 검은 옷을 입었습니다."

개혁은 그 의미의 연장선상에서 오늘날도 동일하게 일어나야 한다. 오늘날 우리도 뭔가 이상하다고 느낀다. 그러나 무엇이 잘못됐는지 성경으로 설명하는 사람은 적다. 또 성경으로 설명한 것을 실행하는 사람들은 더 적다.

움직이는 교회

교회는 정착하면 인간의 죄성에 의해 오염된다. 교회는 떠나는 곳이며 동시에 떠나보내는 곳이다. 교회는 움직여야 한다. 예수님이 따라오라고 하신 자리로 떠나가야 한다. 주일 오전 9시가 아니라, 월요일 아침 7시 45분부터 제자화를 시작해야 한다. 그렇게 움직이는 사람들이 교회를 이룬다.

예수님의 명령을 수행하는 한 사람은 교회의 어떤 행사들보다 강력하다. 교회는 예수님의 리더십 아래 모인 전우들band of brothers이다. 교회는 한 사람의 설교자나 종교지도자 때문에 모이거나 움직이지 않는다. 예수님 때문에 모이고, 그분 때문에 움직인다. 교회는 그분의 것이다(마 16:18). 예수님의 말씀을 듣고, 그분의 명령을 수행한다. 교회는 예수님에 의해 시작되었고, 그분에 의해 끝난다.

마태복음의 결론부에서 예수님이 제자들에게 주신 명령(마 28:19,20)에는 네 가지 임무가 있다. 그것은 가서, 제자를 삼고, 세례를 주고, 예수님이 말씀하신 모든 것을 가르쳐 지키게 하는 것이다. 그분을 따라가는 관계 안에서 이 명령들을 수행하는 사람이 제자이다. 교회 조직과 건물은 제자화의 목적이나 결과가 될 수 없다. 오히려 제자화가 진행된 결과로 제자들의 모임, 즉 교회가 세워진다. 제자화가 교회를 낳는다.

"제자들의 모임이 곧 교회"라는 것이 분명하다면 "제자화를 하는 사람이 교회 개척자"라는 주장도 옳다.

임무

제자화든 교회 개척이든 방법론을 이야기할 때 배제되기 쉬운 두 가지 있다. 그것은 자기 자신과 예수님이다. 방법론을 성경 바깥에서 가져오면 예수님을 잊기 쉽고, 그것이 현장과 동떨어져 있다면 자기 자신이 누구인지 잊기 쉽다.

성경과 현장을 함께 살펴보라. 성경에서 예수님이 뭐라고 말씀하시는지 생각해보라. 그분이 따라오라고 명령하시기에 떠나야 하는 현장을 보라. 지금 내 주변에 누가 있는지를 보라. 그리고 그들을 제자화의 관점에서 바라보라.

예수님은 어부들에게 사람 낚는 농부가 되게 하겠다고 말씀하신 적이 없다. 똑같이 어부를 약속하셨다. 다만 다른 일을 하는 어부가 된다고 하셨다. 마찬가지다. 다양한 상황에 놓여있어도 자신의 일상 앞에 "사람을 낚는…"이라고 붙여 넣는 사람, 제자화를 진행하는 사람이 되라. 그때 교회가 시작된다.

교회를 시작하는 일은 새롭거나, 어렵거나, 특별한 일이 아니다. 우리 믿음의 선배들이 예수님을 따라갔던 결과물이었고, 지금도 예수님이 사람 낚는 어부로 우리를 변화시키는 과정에서 직접 진행하시는 일이다. 모든 제자들에게 함께 주어진 임무이다. 우리가 지금 하고 있는 일이거나 해야 했던 일이다.

오늘날의 교회는 제자화를 보류해왔다.
우리는 많은 사람들을 가르치며, 약간의 세례를 베풀고 있지만
제자는 거의 만들어내지 못하고 있다.
데이비드 머로우 David Murrow

또 여호와를 기뻐하라
그가 네 마음의 소원을 네게 이루어주시리로다
시 37:4

누가 기도했는가

03

회상

대학에 다닐 때, 한 수련회에서 CCC 김준곤 목사님의 설교를 듣고 큰 충격을 받았다. 그때까지만 해도 땅 끝까지 복음을 전하는 일은 목사와 선교사의 전유물인 줄 알았다.

그런데 설교를 통해 '내가 해야 하는 일'임을 깨달았다. 놀라웠다. 말씀을 듣는 내내 하나님의 은혜가 마음에 강하게 임했다. 땅 끝까지 복음을 전하는 인생을 살고 싶었다. 그때 본격적인 기도를 하기 시작했다.

'땅 끝까지 복음을 전하려면 어떻게 해야 하나요?'

수련회 이후, 입대할 때까지 하루도 빠짐없이 기도했다. 대학생이 땅 끝까지 복음을 전하려면 무엇을 해야 하는지 구하고 또 구했다. 그랬더니 길이 열렸다. 내가 있는 장소가 어디든 땅 끝 선교의 출발점이었다.

매일 성경을 공부하면서 만나는 사람들에게 복음을 전했다.

그러다가 선교한국 집회에서 모슬렘 선교에 대해 들었다. 땅 끝까지 복음을 전하려면 모슬렘들을 효과적으로 선교해야 한다고 했다. 그러자 3년 만에 기도제목이 바뀌었다.

'모슬렘을 선교하려면 어떻게 해야 하나요?'

제대할 무렵부터는 이 제목으로 매일 기도를 드렸다. 이슬람 선교에 관한 책자를 보면 눈이 번쩍 뜨였고, 모슬렘을 대상으로 사역하는 선교사님들을 만나면 달려가 인터뷰를 했다. 그러면서 또 수년이 흘렀다.

기도와 연구가 진행되는 동안에 대학을 졸업하고 신학교에 갔다. 그 과정은 새로운 결론으로 나를 안내했다. 모슬렘 선교를 위해서는 일반적으로 갖고 있는 선교론을 바꿔야 했다. 그래서 기도제목도 바뀌었다.

'선교론을 바꾸려면 어떻게 해야 하나요?'

기도하면서 한 지역교회의 청년부를 섬겼다. 목사가 되는 과정에서 지식과 경험도 더 깊어졌고, 기도와 연구도 멈추지 않았다. 그러면서 단기선교 경험도 늘었고, 선교사 인터뷰도 더 많이 할 수 있었다. 한국교회의 선교론과 교회론이 어떤 연결고리를 가지고 있는지 발견하는 아주 소중한 기간이었다.

유학을 떠나다

지식은 삶에서 기도와 사역을 통해 지혜로 바뀌었고, 생각도 더욱 발전했다.

'땅 끝까지 복음을 전하려면 모슬렘을 통과해야 한다. 그러려면 선교론에 변화가 필요하다!'

그러면서 또 하나의 결론에 도달했다.

'선교론을 바꾸려면 그 배경에 있는 교회론이 바뀌어야 한다!'

이 명제에 도달하기까지 12년이 걸렸다. 그러자 기도제목이 또 한 차례 바뀌었다.

'교회론을 바꾸려면 어떻게 해야 하나요?'

당시 나는 싸움닭 같았다. 만나는 모든 사람들에게 교회론에 대한 질문을 공격적으로 해댔다. 할 말은 넘쳤다. 독서 때문이었다. 특히 김남준, 한스 큉Hans küng, 옥한흠, 조나단 에드워즈Jonathan Edwards, 마틴 로이드 존스Martyn Lloyd Jones의 책들이 좋았다. 또 교회 역사를 섭렵하며 비판적인 글들을 많이 읽었다. 지식이 쌓일수록 궁금증은 더 커졌다.

지성과 영성은 서로 밀접히 연결되어있었다. 목마름이 컸다. 내 영혼은 예수님을 더 알고자 했고, 지성은 그분의 교회를 어떻게 새롭게 바꿀 수 있을지 알고 싶어 했다.

그렇게 1년쯤 기도하고 유학을 떠났다. 그리고 공부를 마칠 즈음에 마지막 기도제목이 생겼다.

'땅 끝까지 복음을 전하기 위해 선교론과 교회론을 바꿀 수 있는 교회를 세워주소서!'

교회=선교		
	장기 사역	교회 개척
비전	땅 끝까지 복음 전파	Love the Way
전략	선교적 교회	Live the Way
결과	예수운동	Lead the Way

기적

나는 교회론의 토대가 되는 성경신학을 전공했다. 매일 책을 읽고 토론하며 글을 썼다. 날마다 공포와 싸우며 공부했기에 스릴이 넘쳤다.

돈과 시간과 부족한 실력이 나는 늘 무서웠다. 통장에는 한정된 액수가 들어있었다. 아내가 수년간 땀 흘려 모아둔 것이었다. 그 돈의 심리적 가치는 매달의 환율보다 40배 이상 높았다. 1달러씩 쓸 때마다 조마조마했다. 그래서 거듭 생각한 후에 지출했다.

시간도 늘 부족했다. 실력이 없어서였다. 수업을 위해서는 거의 매일 200쪽의 원서를 읽어야 했다. 닥치니까 했다. 읽고 또 읽으며 지혜를 달라고 기도하고 또 기도했다.

미국 학생들과 영어로 토론할 준비도 했다. 할 말과 다양한 상황을 미리 생각해서 적어두고 소리 내어 읽었다. 내게는 날마다 기적이 필요했다.

동역자를 만나다

나는 공부를 잘 못했다. 다른 학생들에게는 30분 걸릴 일이 내게는 3시간 이상 필요했다. 한 번 읽으면 될 논문도 세 번 이상 읽어야 했다.

그래도 공부가 재미있었다. 아니, 성경이 너무 재미있었다. 세상에 그렇게 많은 성경연구 서적이 있는지 그때 알았다. 도서관 건물은 수천 년 동안 성경연구에 평생을 바친 학자들의 업적으로 가득했다. 그것을 섭렵한 교수님들이 내 눈 앞에서 핵심을 정리해주며 공부를 도왔다. 힘들지만 가장 신나는 시간이었다.

어느 날, 유학생은 아무도 들어갈 수 없다고 소문이 난 어려운 수업을 들었다. 한 백인 학생이 내게 다가왔다. 제임스 린치James Lynch였다.

제임스는 첫 시간부터 내게 한국교회에 대한 질문을 퍼부었다.

세계적인 대형교회들이 대부분 한국에 있는 이유를 물었다. 우리는 만날 때마다 교회에 대해 함께 기도하고 공부하고 토론하며 단짝이 되었다.

기도 동료

유학의 마지막 학기가 시작될 때였다. 제임스가 내게 근사한 식당에서 밥을 사고 싶다고 했다. 우리는 버거킹으로 갔다. 거기서 5시간에 걸쳐 대화를 나누었다.

어두울수록 별이 더 밝아 보이는 법이니 함께 교회를 개척하자고 했다. 모슬렘의 득세는 선교의 위기인 동시에 기회였다. 한국교회는 모슬렘 선교의 도화선 같아 보였다.

만약 한국교회가 교회와 선교를 분리되지 않은 하나의 사역으로 인식과 존재를 뒤집는다면 앞으로 선교역사는 획기적으로 달라질 것이라고 나는 생각했다. 문제는 '한국교회의 교회론을 전반적으로 어떻게 바꿀 수 있는가'였다. 내게는 대안과 실행력이 있었고, 제임스에게는 지식과 순수가 있었다.

밤하늘을 보며 어두움보다는 별에 더 집중하는 것이 맞다. 우리는 예수께 집중하기로 했다. 작고 보잘것없더라도 우리 스스로를 불태우기로 했다. 문제에 도전하기보다 작은 빛과 같더라도 대안을 직접 실행하자고 했다.

우리는 일주일 동안 만나지 않고 각자 기도하기로 했다. 그 기도의 자리에서 더 큰 비전과 확신이 주어졌다. 기도를 마치고 다시 만난 우리는 새로 시작할 교회의 이름을 백지에 적었다.

"웨이처치Way Church."

긴 옷을 입고 다니는 것과
시장에서 문안 받는 것과
회당의 높은 자리와
잔치의 윗자리를 원하는 서기관들을 삼가라
그들은 과부의 가산을 삼키며
외식으로 길게 기도하는 자니
그 받는 판결이 더욱 중하리라

막 12:38-40

04

누가 원류인가

처음 200년

교회를 이루었던 사람들은 "세상이 감당치 못하는 사람들", "전염병자", "세상을 소란케 하는 자들", "이단" 등으로 불렸다(히 11:38, 행 24:5). 그들은 교회가 시작된 직후 약 200년 동안 12명에서 2천5백만 명으로 증가했다. 그것은 2백만 배가 넘는 증가 수치였다. 그동안 무슨 일이 있었는가?

앨런 허쉬Alan Hirsch 박사는 "초대교회 200년의 상황" 요인을 여섯 가지로 정리했다(《The Forgotten Ways》, Brazos, 2006, 16-23쪽)

1. 교회는 불법적인 종교활동이었다. 최악의 상황은 관련자 모두 고발되어 잔인하게 고문 받고 처형당하는 것이었다.
2. 교회 건물로 불릴 만한 공식 장소가 전혀 없었다. 고고학자들

의 발굴도 이를 증명한다. 집집마다 비밀리에 모여서 신앙 모임
을 가졌다.

3. 성경책도 없었다. 사도들이 보내주었던 편지를 지역별로 돌려
   보았다.

4. 교회 기관이나 전문적인 리더십이 없었다. 침착하고 자발적인
   네트워킹이 있었다.

5. 교회의 모습이 오늘날과 매우 달랐다. 새신자 예배, 주일학교,
   청년부, 신학교 등이 없었다.

6. 교회의 일원이 되는 것 자체가 매우 힘든 일이었다. 심지어 2세
   기에 접어들면서는 박해와 이단의 증가 때문에 새신자는 자신
   의 신앙을 증명하는 심각한 입단 기간을 따로 가져야 했다.

그 최초의 200년이 갖는 세계사적 의미를 우리는 이미 역사를
통해 알고 있다. 크리스천은 세상을 전혀 다른 관점으로 바라보
는 사람들이었다. 세상에는 그들을 담아낼 어떤 정치·사회 조직
이 없었다.

원류

예수님은 여느 정치 리더십과 사뭇 다르셨다. 그분의 말씀은
어디서나 열매로 증명되었다. 그분이 가시는 곳마다 "맹인이 보

며 못 걷는 사람이 걸으며 나병환자가 깨끗함을 받으며 귀먹은 사람이 들으며 죽은 자가 살아나며 가난한 자에게 복음이 전파"되었다(눅 7:22).

예수님은 죄인과 세리들의 친구였다. 사람들을 제자화하며, 그들을 통해 교회를 시작하셨다. 예수님을 통해 사람들은 내면의 근원적인 변화를 얻었고, 그분을 만난 사람들마다 새로운 인생의 원년을 일구었다.

예수님의 이런 행동은 당시 정치 리더십의 숨겨진 이중성을 만천하에 드러냈다. 로마와 유대 사이를 오가며 하나님의 이름을 도용할 뿐인 사람들의 진위가 들통났다.

가짜가 가득한 사회에서 진짜는 등장만으로도 기준을 만든다. 예수님은 세상을 바꾸기 위해 한 번도 정치계나 혁명당에 입문하신 적이 없다. 바리새파나 사두개파도 아니셨다. 그렇다고 에세네파이거나 열심당원도 아니셨다. 더군다나 로마편도, 유대편도 아니셨다(눅 20:25). 어떤 류流에도 속하지 않으셨다. 오히려 그분의 존재 자체가 진위의 기준이었다.

예수님은 구원에 이르게 하는 복음을 전하셨다. 그것은 누군가를 대변하는 정견政見 따위가 아니었다. 예수님의 입에는 진리가 가득했다. 그분은 "로마 정부 하에서 잘사는 여덟 가지 원리" 따위의 자기계발 철학을 가르친 적도 없으셨다. 영원한 하나님 나라에서 하나님의 백성으로 사는 법을 가르치셨다.

사복음서에서 예수님의 공생애 전체를 아무리 뒤져봐도 그분은 하나님나라가 아닌 어떤 왕국을 세우기 위해 일하신 적이 없다. 시민의 잃어버린 권리를 되찾아주기 위해 일하시지도 않았다. 다만 한 번에 한 사람에게 집중하시며, 복음을 전하시고, 치료하시고, 가르치시고, 귀신을 쫓아내셨다. 그분은 독특했다. 예수님은 원류原流셨다.

예수님이 교회이시다

반면에 우리는 다 아류亞流다. 자연과학자인 칼 세이건Carl Sagan도 이에 동의한다.

"만일 아무것도 없는 상태에서 애플파이를 만들려 한다면 먼저 우주를 만들어야 한다."

세상 그 누구도 어느 것의 원류일 수 없다. 해 아래 새것은 없으며, 창조주 외에는 새것을 만들어낼 존재가 없다(전 1:9, 12:1). 교회 역시 예수님의 아류에 지나지 않는다. 예수님만이 교회의 원류이시다.

요한복음 2장에 보면 예수님이 유대인들과 성전 논쟁을 하시는 장면이 나온다. 성전 청결 사건 직후에 벌어진 일이다. 장사하는 사람들이 성전을 더럽히고 있는 것을 보셨을 때, 그분은 가만히 계시지 않았다. 노끈으로 채찍을 만들어서 장사꾼들을 성전에서 쫓아내며 외치셨다.

"내 아버지의 집으로 장사하는 집을 만들지 말라"(요 2:16).

그 일은 유대인들에게 굉장히 위협적이었다. 장사꾼들이 성전에서 제물을 사고 팔며 돈을 바꿔주게끔 허락한 이들이 당시 종교지도자들이었기 때문이다.

자신들의 리더십에 위협을 느낀 유대인 종교지도자들이 예수께 물었다.

"네가 이런 일을 행하니 무슨 표적을 우리에게 보이겠느냐?"(요 2:18)

이것은 "네가 이런 일을 행하는 것을 보니 뭔가 우리보다 대단한 사람인가 본데, 그 증거가 뭐냐?"라는 의미였다. 이에 예수님은 교회론에 있어서 매우 중요한 말씀을 하셨다.

"이 성전을 헐라 내가 사흘 동안에 일으키리라"(요 2:19).

제자들이 이 말씀에 대해 주석을 달았다.

"그러나 예수는 성전 된 자기 육체를 가리켜 말씀하신 것이라"(요 2:21).

예수님은 자기 몸을 성전에 비유하셨다. 흥미롭게도 이후 신약성경에서 성도의 몸을 "성전"*ναόν*이라는 동일한 표현으로 부른다. "너희 몸은 너희가 하나님께로부터 받은 바 너희 가운데 계신 성령의 전인 줄을 알지 못하느냐 너희는 너희 자신의 것이 아니라"(고전 6:19).

신약은 성령의 임재가 있는 성도들을 성전이라고 말한다. 예루살렘 성전, 예수님의 몸, 그리고 성도의 몸이 하나의 단어로 연결된다. 성경은 일관된 어조로 성전의 기능을 보여준다. 그것은 하나님의 임재이다. 하나님이 계신다면 건물이든 사람이든 그곳이 성전이라는 것이다.

또 예수님은 자신의 임재에 대해 직접 말씀하셨다.

"두세 사람이 내 이름으로 모인 곳에는 나도 그들 중에 있느니라"(마 18:20).

그분이 임재하는 모든 곳이 성전이 된다. 예수님이 곧 성전이시다. 그러므로 그분이 거하시는 사람들의 모임도 성전이다.

교회의 주인

아류들이 왕이 되는 시대에 진짜 왕이 오셨다. 성경에 기록된 대로 메시아가 역사 속으로 걸어 들어오셨다. 그러자 스스로를 원류로 주장하던 많은 사람들은 위협을 느꼈다. 그래서 세상과 예수님 중에서 누가 원류인지를 두고 서로 질문했다.

"예수님은 누구이신가?"라는 질문은 뜨거운 감자였다. 유행하는 문장이었다. 예수님은 이 질문을 제자들에게도 던지셨다. 그때 베드로가 믿음의 답변을 했다. "주는 그리스도시요 살아계신 하나님의 아들이시니이다"(마 16:16). 그러자 예수님은 베드로를 칭찬하시며 신약에서 처음으로 "교회"에 대해 말씀하셨다.

"또 내가 네게 이르노니 너는 베드로라 내가 이 반석 위에 내 교회를 세우리니 음부의 권세가 이기지 못하리라"(마 16:18).

예수님은 "내 교회"라는 선언을 하셨다. 직접적으로 교회의 소유주가 자신이라고 공표하셨다. 그분은 교회를 제자의 믿음이라는 반석 위에 세우셨다. 그 교회는 지옥 권세를 이길 것이다. 그러나 그것은 신앙고백을 했던 제자의 것이 아니라 예수님의 교회이다.

예수님'이' 교회, 예수님'의' 교회

많은 사람들이 교회를 해왔다. 그러나 많은 교회들이 누군가의 왕국으로 전락하거나 예수님을 배제시킨 사역으로 교회를 더럽혔다. 교회의 주인이 그분이신 것에 완전히 동의하지 않은 사람들이 저지른 일들이었다.

어떤 이들은 더 큰 교회 건물이 부흥의 척도인 양 사역했다. 혹은 교회를 통해 사사로이 돈과 명예를 추구했던 사람들도 있었다. 그러자 자성의 목소리가 일어났다.

약 30년 전, 현실 교회의 문제들을 지적하면서 유행했던 말이 있다. 그것은 "우리가 교회다"Wir sind Kirche라는 말이다. 독일의 한스 큉을 중심으로 1990년대 초반에 일어난 교회 갱신 운동의

슬로건이었다.

이후에 미국의 교회 개척 네트워크들인 3DM과 ACTS 29 등을 통해 세상에 알려지면서 이 문장이 더 유명해졌다. 하지만 엄밀히 말하면 우리는 교회가 아니다. 자신을 교회와 동일시하기 전에 먼저 예수께 붙어있어야 한다(요 15:5). 교회가 되려면 먼저 예수님이 함께하시는 사람, 예수님의 사람이어야 한다.

누구나 교회가 될 수는 없다. 예수님이 교회이시고, 그분의 사람들이 교회를 이룰 수 있으며, 어떤 교회든 예수님의 것이다.

기도로 세우는 교회

그러므로 누군가 교회를 시작할 때는 예수께 철저히 의존해야 한다. 제자화 역시 그분에게서 시작해야 한다. 그분을 의지하는 것은 여러 모습으로 성경에 등장한다. 자기 부인, 자기 십자가를 지고 따름, 성경 말씀대로 순종함 등이다. 하지만 이 모든 것을 통합하는 것이 '기도'이다.

교회를 한다는 것은 매일 기도하는 것을 의미한다. 왜냐하면 교회이며 그 주인이신 예수님이 이미 기도로 교회를 세우는 모범을 우리에게 보이셨기 때문이다.

사복음서를 읽다 보면 늘 기도하시는 예수님이 보인다. 예수님은 기도 가운데 모든 사역을 진행하셨다(마 4:2, 14:13,14,

막 1:35-37, 눅 5:15,16, 22:39,40). 기도를 통해 아버지께 의존하는 사역의 모범을 보이셨다.

"내가 내 자의로 말한 것이 아니요 나를 보내신 아버지께서 내가 말할 것과 이를 것을 친히 명령하여주셨으니 나는 그의 명령이 영생인 줄 아노라 그러므로 내가 이르는 것은 내 아버지께서 내게 말씀하신 그대로니라"(요 12:49,50).

우리가 제자화를 진행하며 교회를 세우는 길도 그분의 모범을 따라야 한다. 하나님이신 분이 기도하며 아버지께 받은 것으로 사역하셨다면 죄인인 우리는 더욱 그러해야 한다.

기도의 현장에서 예수님을 매일 만나는 것이 교회를 세우는 방법이다. 기도 없는 사역은 존재하지 않는다. 우리는 말씀을 전하기 전에 성령님의 능력 있는 가르침을 먼저 구해야 하며, 심방하기 전에도 미리 성령께서 영혼들을 어루만져주시기를 기도해야 한다. 전도나 선교를 할 때도 모든 사역에 예수님이 주시는 열매가 있기를 간구해야 한다.

기도를 통해 자기 자신이 얼마나 가짜인지 매일 들통나야 한다. 또 자신이 얼마나 하나님과 거리가 먼지 발견해야 한다. 회개하며 애통하고, 울며 씨를 뿌리면서 예수님의 제자를 만들어내야 한다.

기도하는 사람은 하나님이 지금 어디서 무엇을 하고 계신지를 발견하고, 그분이 기뻐하는 것을 함께 기뻐한다. 하나님이 애통해하실 때 함께 울며, 외치실 때 함께 나팔을 분다. 기도의 사람이 예수님의 교회를 한다.

기도 없는 교회

반면에 기도하지 않는 사람은 자신의 교회를 한다. 가짜 교회를 세운다. 기도 없는 교회, 기도 없는 제자화는 열매 없는 과수果樹와 같다. 기도 없이는 아무리 땀 흘려도 가지만 무성한 나무, 빛 좋은 개살구를 얻는다. 기도 없는 모든 땀은 헛수고다.

아이를 낳을 때 해산의 수고가 필요한 것처럼 영적 자녀를 낳는 데는 기도의 수고가 필요하다. 목양자도, 선교사도, 모든 크리스천도 기도자여야 한다. 기도의 의무에서 자유로울 수 있는 제자는 없다.

또한 기도 없이는 예수님의 제자를 만들 수 없다. 자기 제자를 만들고, 자기 욕심을 채울 뿐이다. 예수님을 부인하게 되고, 자기 십자가를 지기는커녕 내팽개치게 될 뿐이다. 기도는 예수님의 제자 삼기와 파송의 모범이다. 예수님이 십자가를 지셨던 방법이자 하나님 아버지의 뜻을 끝까지 행하는 사역 모범이다.

제자화를 시작하는 사람이 교회 개척자다. 그런데 예수님이 교회이시며, 동시에 교회는 그분의 소유이다. 그래서 우리는 예수님의 이름으로 기도하며 그분의 뜻대로 제자화를 진행한다.

교회는 자기 맘대로 짓는 모래성 따위가 아니다. 예수님의 뜻대로 건설해서 그분이 주인 되시도록 헌신하는 것이다. 예수님 의존적인 삶을 살아가는 제자가 만들어내는 결과다.

예수님은 의의 나무이시다. 우리가 제자화를 진행하는 길은 접붙이기와 같다(요 15:5). 기도로 예수께 붙어있으면 그분의 제자들을 해산할 수 있게 된다. 기도 외에 다른 방법으로는 말씀을 전할 수도, 영혼들을 주님께 인도할 수도 없다. 포도나무에서 떨어져 나온 가지에 열매가 맺히지 않듯, 기도하지 않는 성도는 제자를 낳지 못한다.

기도는 예수님 의존적인 행위의 핵심이라서, 기도 없는 사람은 예수님을 의존하지 않는 사람이다. 그들은 말씀에 의해 제자가 아닌 사람들로 정죄를 당한다(삼상 12:23, 막 9:29, 눅 18:1, 행 6:4, 롬 12:12, 엡 6:18). 근원은 언제나 예수께 있다. 이를 아는 사람은 기도한다.

기도는 교회의 강한 방벽이자 하나님이 주신 교회의 무기이다.

마르틴 루터 Martin Luther

자. 우리가 내려가서
거기서 그들의 언어를 혼잡하게 하여
그들이 서로 알아듣지 못하게 하자 하시고
여호와께서 거기서 그들을 온 지면에 흩으셨으므로
그들이 그 도시를 건설하기를 그쳤더라

창 11:7,8

05

무엇이 먼저인가

교회의 시작

웨이처치, 땅 끝까지 복음을 전하는 일에 헌신한 지 16년이 지나서야 태어난 이름이었다. 가장 현실적이고 적극적인 실행, 종이 위에 적은 교회 이름, Way Church.

기도하고 또 기도했다. 그럴수록 확신이 커졌다. 복음으로 세상을 정복하는 예수님의 도구이자 내 미래였다. 남은 인생 동안 내 임무가 될 이름이었다. 큰 기쁨이 임했다. 혼자 다 감당할 수 없는 은혜였다.

이 소식을 가장 먼저 아내와 나누었다. 한국으로 돌아가서 웨이처치를 세우자고 했다. 교회와 선교를 구별하지 않는 교회론을 함께 준비하자고, 방향이 분명하니 방법은 함께 찾아보자고. 이야기를 듣는 내내 아내의 눈빛이 반짝였다. 그리고 내 설명이 끝나기도 전에 개척에 적극적으로 찬성했다.

나중에 들으니, 아내는 나보다 일주일이나 앞서서 개척에 대한 소원을 가지고 기도 중이었다고 했다. 하나님께서 같은 마음을 부부에게 주셨다. 신기했다. 나는 아내와 하나였고, 그녀의 생각이 곧 내 생각이었다. 우리 안에 계신 성령님이 한 분이셨다. 서로의 생각을 확인하는 동안에 웨이처치의 시작이 더욱 확실해졌다.

그날, 우리는 오랜만에 휴식했다. 거의 3년 만에 영화를 보고, 외식을 하고, 숲길을 따라 드라이브를 했다. 하나님께서 주신 은혜의 날들을 돌아보며 대화를 나누었다.

새벽에는 내가 기도하고, 밤에는 아내가 기도하며, 낮에는 함께 연구하기로 했다. 최대한 6개월 이내로 학업을 마치고 한국으로 복귀하자고 했다.

또 여호와를 기뻐하라
그가 네 마음의 소원을 네게 이루어주시리로다
시 37:4

개척 비용

목표가 생기자 시간의 밀도가 높아졌다. 새로움으로 가득한 반년이 흘렀다. 그동안 우리는 창세기부터 요한계시록까지 '교회 개척'이라는 관점으로 성경을 훑었고, 교회론과 개척 실행에 관한 자료들을 섭렵했다.

또 매일 시간을 정해놓고 밤낮으로 함께 기도하며, 정시 가정 예배도 진행했다. 밤 9시만 되면 무조건 예배했다. 그 시간에 집에 손님이 있으면 양해를 구하고 방에 들어가서 예배를 드리고 나오거나 함께 예배를 드렸다. 그러자 가까운 지인들이 우리의 변화를 눈치 챘다. 우리가 교회 개척을 위해 한국으로 곧 복귀할 것이라는 소문이 주변에 퍼졌다.

함께 공부하던 가까운 선배가 만나자고 했다. 소식을 들었다며 이야기를 나누자고. 구운 케이크를 들고 아내와 선배의 집으로 갔다. 이웃의 식사 초대에 우리는 즐거웠다.

선배는 내게 궁금한 것부터 서둘러 물었다.

"5억 있어?"

'그렇게 큰돈이 있을 리가 있나?'

내가 없다고 대답하자 그는 내게 너무 '나이브'naive한 것 아니냐고 했다.

"어떻게 열정만으로 교회를 개척하려고 해? 다시 기도해봐."

매우 일리가 있는 조언이었다. 그러나 나와 교회론이 달랐다. 그 질문에는 그의 교회에 대한 정의가 깔려있었다. 그에게 교회 개척은 새로운 교회 건물을 준비하는 것이었다. "교회=건물"이라는 교회론이었다.

한편, 나는 정확한 액수가 거론되는 것이 궁금했다.

"왜 하필 5억이에요?"

선배는 나름 계산이 있었다.

"어허… 교회 개척을 하겠다면서 그런 생각도 안 해봤나?"

그러면서 종이 위에 교회 건물에 들어가는 비용을 써 내려가기 시작했다. 서울의 교회용도 건물 보증금과 월세, 실내 인테리어 비용, 각종 집기와 기기 비용, 부대비용, 옥상 첨탑 비용 등등. 꽤 조사를 많이 한 모양이었다. 다른 건 몰라도 그 수치는 신뢰가 갔다.

성경을 붙들고

내 대답은 담담했다. 성경 어디에도 5억에 대한 말씀이 없다는 것이 근거였다.

"저는 50만 원도 없는데요?"

나를 흥미롭게 쳐다보며 선배가 또 물었다.

"그러면 무엇으로 교회를 세울 건데?"

대답은 뻔했다.

"예수님을 향한 제 믿음이요."

그도 성경을 잘 알아서 마태복음 16장 18절을 인용한 것임은 쉽게 짐작하는 듯했다. 대답을 듣자 선배는 크게 웃었다. 그리고 내게 "매우 순수한 목사"라고 칭찬을 해주었다. 어쩌면 놀림이었던 것 같기도 하다.

그런 순수한 생각으로는 교회를 시작할 수 없다고 했다. 세상을 알아야 한다고 했다. 그는 이미 교회가 무엇인지에 대한 확고한 생각이 있었고, 화제는 다른 것으로 이어졌다.

나는 그를 설득하는 대신에 하던 일을 계속 했다. 성경을 붙들고 기도하며 연구했다. 그리고 성경을 붙들고 교회를 시작했다.

정착의 유혹

만약 농부가 곡간을 꾸미는 데 시간과 돈과 에너지를 투자하느라 들판에 나가서 손에 흙을 묻히는 데 소홀했다면 그는 얼마나 바보 같은가!

오늘날 우리는 얼마나 많은 시간과 돈을 곡간 꾸미기에 사용하고 있는가? 또 교회는 멋진 곡간을 지은 후 그 문을 활짝 열어놓고는 들판을 향해 "곡식들아, 어서 곡간 안으로 들어오너라"라고 소리 지르는 바보 같은 일을 얼마나 자주 행하는가!

교회 건물은 선하지도 악하지도 않다. 있으면 좋고, 없어도 교회는 할 수 있다. 다만 건물이 교회보다 우선시되는 교회론은 성경에 나오지 않는다. 무엇이든 하나님보다 높이 섬기면 우상숭배일 뿐이다.

하나님은 자신의 영광을 위해 자기 백성들이 지상에 퍼져서 살기를 의도하셨다. 노아가 방주 바깥으로 나왔을 때, 하나님은 두 번이나 "생육하고 번성하여 땅에 충만하라"(창 9:1,7)라고 말씀하셨다.

그러나 오늘날 대부분의 사람들이 그러하듯, 노아의 후손들은 한 장소에 정착했다. 그들은 거기에 바벨탑을 쌓았다. 하지만 하나님은 다시 이들을 흩으셨다(창 11:7,8). 이것은 정착이나 건물 짓기가 나쁘다는 뜻이 아니다.

하나님께서 사람들을 흩으신 이유 중의 하나는 하나님의 사람들을 탈중앙집권화시켜서 "생육하고 번성하여 땅에 충만하라"는 본래의 명령에 순종케 하시기 위함이었다.

신약의 교회도 "땅에 충만하라"는 구약의 명령을 이어받고 있음을 마태복음 28장 19,20절과 사도행전 1장 8절 등의 대위임명령을 통해 볼 수 있다.

그러나 초대교회의 사도들에게도 오늘날 우리처럼 한 장소에 멈추어서 건물을 지으려는 유혹이 있었다. 변화산에서 베드로가 예수님에게 요구했던 것을 보라. 그는 거기에 정착하여 건물 짓기를 원했다(마 17:4).

"와우, 예수님! 여기가 좋겠어요. 당장 교회 건물을 지어 올립시다!"라는 식이었다. 그러나 베드로의 말에 뒤이어 하나님의 두려운 음성이 들려왔다. 예수님의 말을 들으라는 음성이었다.

말할 때에 홀연히 빛난 구름이 그들을 덮으며

구름 속에서 소리가 나서 이르시되

이는 내 사랑하는 아들이요 내 기뻐하는 자니

너희는 그의 말을 들으라 하시는지라

마 17:5

예나 지금이나 사람들은 한 장소에 안착하기를 바란다. 오늘날의 교회도 예외는 아니다.

교회는 건물인가

그러나 초대교회는 하나의 지정된 건물로 존재하지 않고 오히려 교회 개척 운동의 형태로 존재했다. 예수님이 명령하셨기 때문이다. 그분이 승천하실 때 하신 말씀을 떠올려보라.

오직 성령이 너희에게 임하시면

너희가 권능을 받고

예루살렘과 온 유대와 사마리아와 땅 끝까지 이르러

내 증인이 되리라

행 1:8

제자들은 한 지역에 머물러 교회 건물을 지으라는 명령을 들은 적이 없다. 그들은 "예루살렘과 온 유대와 사마리아와 땅 끝까지 이르러"야 했다. 그것은 주님의 부탁이자 명령이었다. 사실 '사도'라는 말의 원어적 의미도 '보냄을 받은 자'라는 뜻이다!

그러나 보냄을 받은 자들이 끊어지는 시기는 아이러니하게도, 기독교의 박해가 사라지고 국교로 인정된 때였다. 사실 그때 기독교 역사에서 처음으로 교회 건물이 세워졌다. 박해가 사라지고 교회가 더 이상 사람들을 보내지 않기 시작했다. 그러나 교회는 사람을 보내는 운동이었다.

안디옥 교회에 선지자들과 교사들이 있으니
곧 바나바와 니게르라 하는 시므온과 구레네 사람 루기오와
분봉 왕 헤롯의 젖동생 마나엔과 및 사울이라
주를 섬겨 금식할 때에 성령이 이르시되
내가 불러 시키는 일을 위하여
바나바와 사울을 따로 세우라 하시니
이에 금식하며 기도하고 두 사람에게 안수하여 보내니라

행 13:1-3

그러나 더 이상 사람들을 보내지 않기 시작한 때는 기독교가 정치적으로 인정되고 박해가 멈추었던 때와 일치한다. 교회 건물

이 역사상 처음으로 등장했던 때이기도 하다.

건물보다 크신 분

그러나 성경은 하나님이 인간이 지은 건물 안에 거하시지 않음을 보여준다. 그분은 지정된 어느 장소의 성전이 아니라 자신의 백성들을 처소로 삼으시겠다고 약속하셨다(겔 37:26-28). 이는 신약에서도 동일하게 반복되는 주제이다(요 16:7,8, 벧전 2:4-9, 고전 3:16, 6:19, 골 1:27).

열왕기상 8장을 보라. 하나님이 직접 디자인하신 최초의 지상 거처는 출애굽기에 나오는 움직이는 천막이었다. 하나님은 자신의 백성들과 함께하시기를 원하셨기 때문에 출애굽한 백성들이 가나안을 향해 이동하는 동안 이동식 천막을 거처로 삼으셨다.

이후에 다윗이 멋진 건물을 짓기 원했지만 하나님은 허락하지 않으시고, 그의 아들인 솔로몬에게 건물을 짓게 하신다. 그러나 솔로몬은 그 건물 자체를 하나님과 상관없는 것으로 묘사했다.

하나님이 참으로 땅에 거하시리이까
하늘과 하늘들의 하늘이라도 주를 용납하지 못하겠거든
하물며 내가 건축한 이 성전이오리이까
왕상 8:27

이사야도 같은 관점으로 말했다.

여호와께서 이와 같이 말씀하시되
하늘은 나의 보좌요 땅은 나의 발판이니
너희가 나를 위하여 무슨 집을 지으랴
내가 안식할 처소가 어디랴
사 66:1

그뿐인가? 사도행전 7장에서 사람들이 스데반에게 돌을 던졌
던 이유를 생각해보라. "그러나 지극히 높으신 이는 손으로 지은
곳에 계시지 아니하시나니"(행 7:48).

교회와 교회 건물에 대한 말씀들을 찾아보라(행 7:48-51,
17:24,25). 성경은 도처에서 같은 이야기를 하고 있다. 하나님은
건물보다 더 크신 분이다.

건물 성전은 하나님의 임재의 필수요소가 아니다. 그럼에도 죄
인들에 의해 건물이 하나님과 동일시되거나 심지어 더 크게 여겨
졌던 역사가 성경에 수두룩하다. 어제의 우상숭배는 오늘도 여
러 형태로 우리에게서 나타난다.

구약의 성전, 신약의 그리스도의 몸 된 교회로서 사도와 성도
들, 예수님의 디자인을 볼 때 무엇을 근거로 교회가 건물이란 말
인가?

교회 정의에 대한 다양성은 형태적 측면에서 끌어안아야 하는 건 맞다. 하지만 나는 형태를 말하는 것이 아니다. 교회의 기능적 정의를 말하고 있다. 답해보라.

교회는 건물인가?

PART 2

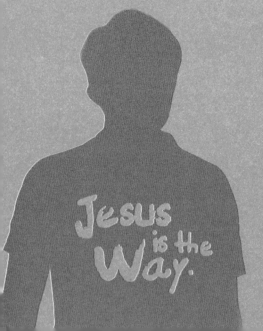

교회는 액션이다

어둠을 물리치는 최고의 방법은
어둠 분석이 아니라 빛을 비추는 것이다.

방이 어두우면 불을 켜라.
왜 이렇게 어둡냐고 징징대지 말고,
침대 모서리에 발가락 찧지 말고 불을 켜라.

침묵은 동조다.
예수님 없는 세상에 침묵하지 말고
크게 주의 이름을 외쳐라.
예수님 없는 교회에 침묵하지 말고
크게 주님을 높여라.
적극적으로 교회가 되라.
목숨을 다해 예수님을 따르며 어디서나 교회가 되라.

맡은 자들에게 주장하는 자세를 하지 말고
양 무리의 본이 되라
벧전 5:3

06

모범이 되라

Crazy

예수님의 행적은 매우 독특했다. 12세에 가족여행 도중 몰래 사라져버려서 부모를 근심케 하셨다(눅 2:48). 공생애 사역 초기에는 정결 예법에 쓸 6개 항아리의 물을 모두 포도주로 바꾸심으로써 결과적으로 정결법을 무시하셨다(요 2:6). 어머니와 형제들의 문안을 거절하시기도 했다(막 3:33-35).

한 제자에게는 아버지의 장례식에 참석하지 말고 자신을 따라오라고 하셨다(마 8:19-22). 반면, 예수님을 따라가겠다고 자청하는 청년에게는 자신은 노숙자일 뿐이라고 하셨다(눅 9:57,58). 그리고 한 부자 청년을 말도 안 되는 요구로 돌려보내버리셨다(눅 18:21-25).

그뿐인가? 거라사의 광인에게서 귀신을 쫓아내실 때는 돼지 떼 2천 마리를 몰살시키셨고(막 5:13), 지도자들이 신봉하던 성전을 강도의 소굴이라며 질책하심으로 당시의 문화코드와 질서를 깨셨다(막 11:17).

예수님이 가까이했던 사람들도 특이했다. 그분의 제자들은 어부, 멸시받는 직업을 가진 자들 혹은 세리였다(마 11:19). 또 그분의 친구들은 대부분 심각한 죄인이었다(레너드 스윗Leonard Sweet, 《Jesus Drives Me Crazy(나를 미치게 하는 예수)》, Zondervan, 2003, 13-33쪽).

이런 예수님의 언행은 어디서나 공개적이었고, 사회적인 물의를 일으키기에 충분했다. 안식일에 일하지 않는다는 법을 생명처럼 여기던 유대인들 앞에서 하필 그 법을 어기셨다. 그분은 공개적으로 안식일에 이삭을 잘라 먹는 일과 병 고치는 일을 지속하셨다(마 12:1-13, 막 2:23-3:6, 눅 6:1-11).

또한 의심하는 자들의 표적 요구를 정면으로 질책하셨고, 예수님의 신성을 불신하는 권력가들 앞에서는 자신이 하나님이라고 대놓고 말씀하셨다(마 16:1-4, 요 10:30).

게다가 성전을 목숨처럼 생각하던 종교지도자들에게 그곳이 "강도의 소굴"이라고 막말을 하셨으며, 심지어 누구도 함부로 할 수 없던 절대 권력의 종교지도자들에게 "독사의 자식"이라는 욕설까지 서슴지 않으셨다(마 21:13, 12:34).

예수님의 언행은 대중의 궁금증을 불러일으켰다. 그분이 누구시냐는 질문은 유행할 수밖에 없었다(눅 9:18,19). 그분의 존재 자체가 당시의 가장 큰 사회적 이슈였다(게리 윌스Garry Wills, 《예수는 그렇게 말하지 않았다》, 돌을새김, 2006, 11-31쪽).

식탐자

예수님의 행적이 알려지면서 사람들은 그분을 궁금해했다. 예수께는 이미 여러 가지 성경적 별명들이 있었다. 그분은 메시아, 그리스도, 구원자로 불리셨다. 또한 이사야서에 의하면 기묘자, 모사, 전능하신 하나님, 영존하시는 아버지, 평강의 왕으로도 불리셨다(사 9:6,7).

그 밖에도 선지자, 왕, 인자, 기름부음 받은 자, 여자의 후손, 다윗의 자손, 하나님의 아들, 로고스, 알파와 오메가 등등 수많은 호칭들이 있었다. 그러나 신약에 등장하는 몇몇 별명들은 매우 세속적이었다. 당시 사람들은 예수님을 미친 사람, 귀신들린 자, 식탐자, 세리와 죄인의 친구 등으로 불렀다(막 3:21, 눅 7:34, 11:15).

그런데 그 중 하나는 듣기에 거북하다. "먹기를 탐하고 포도주를 즐기는 사람"(마 11:19) 즉 '식탐자'라는 별명이다. 그러나 이 별명이 사실무근은 아니었다. 예수님은 실제로 성경의 여러 장면에서 식사를 중요시하셨다.

세례 요한이 비참하게 죽은 상황에서도 제자들과 밥 이야기를 나누셨다(마 14:6-15). 안식일에는 아무 일도 하면 안 된다는 법

을 깨뜨려서 사회적 물의를 일으킨 것도 결국 식사 때문이었다
(눅 6:1). 심지어 사역의 현장에서도 여러 번 '밥'이 등장한다. 자
신을 초대한 사람들의 집에서 예수님이 하셨던 일은 식사였다(눅
7:36). 한 여자가 귀한 향유 옥합을 들고 왔을 때도 식사하시던
중이었다(마 26:7). 십자가에 달리시기 전에 제자들과 하셨던 일
도 역시 식사였다(막 14:16). 그분은 정말 식탐자로 보일 만했다.

밥 문제

끼리끼리 모이는 것만 같다. 제자들도 예수께 밥에 대해 자주
질문했다. 그들이 기도를 어떻게 하느냐고 물은 것은 한 번뿐이
다. 한편, 같은 주제에 대한 질문을 여러 번 반복하는 것은 사복
음서에 밥 문제 외에는 거의 등장하지 않는다.

예를 들면, "예수님, 물 위를 어떻게 걷습니까?", "귀신은 어떻
게 내쫓는 겁니까?" 등의 질문은 한 번도 하지 않았다. 그러나
밥에 대한 질문은 적어도 세 번 이상 했다.

> 무교절의 첫날에 제자들이 예수께 나아와서 이르되
> 유월절 음식 잡수실 것을
> 우리가 어디서 준비하기를 원하시나이까
> 마 26:17

저녁이 되매 제자들이 나아와 이르되

이곳은 빈 들이요 때도 이미 저물었으니

무리를 보내어 마을에 들어가 먹을 것을 사 먹게 하소서

예수께서 이르시되

갈 것 없다 너희가 먹을 것을 주라

마 14:15,16

예수께서 대답하여 이르시되

내가 진실로 진실로 너희에게 이르노니

너희가 나를 찾는 것은 표적을 본 까닭이 아니요

떡을 먹고 배부른 까닭이로다

요 6:26

혹시, 예수님이 부활 직후에 제자들과 어떤 일을 하셨는지 아는가? 설마… 식사? 맞다. 식사!

그들과 함께 음식 잡수실 때에

떡을 가지사 축사하시고 떼어 그들에게 주시니…

그들이 너무 기쁘므로

아직도 믿지 못하고 놀랍게 여길 때에 이르시되

여기 무슨 먹을 것이 있느냐 하시니

이에 구운 생선 한 토막을 드리니

받으사 그 앞에서 잡수시더라

눅 24:30,41-43

성만찬

흔히들 '최후의 만찬'이라고 일컫는 스토리가 마태복음 26장에
담겨있다. 거기서 예수님은 제자들에게 식사를 중요시하는 이유
를 설명하셨다. 함께 식사하는 것은 그분을 기념하는 일이었다.

먼저 주께서 직접 식사 기도를 하셨다. 떡을 가지사 축복하시
고 떼어 나눠주시며 "받아서 먹으라 이것은 내 몸이니라"라고 말
씀하셨다(마 26:26).

여기 기록된 "떡"은 당시 유대인들의 주식이었다. 우리에게 적
용하자면 "밥"이나 마찬가지다. 만약 제자들이 한국인이었다면
예수님은 밥솥을 붙들고 식사 기도를 하신 후, 한 공기씩 퍼 담
아주시며 "이것은 내 몸이다"라고 말씀하셨을 것이다.

성만찬은 식사다. 평범하다. 금식은 거룩해 보였지만 밥 먹는
건 세속적으로 보였다. 안식일에 아무것도 하지 않는 것은 깨끗
해 보이고 이삭을 잘라서 비벼 먹는 것은 탐욕스러워 보였다. 하
지만 예수님은 함께 식사하는 것을 제자화 모임에서 중요하게 다
루셨을 뿐 아니라 그분을 기념하는 일을 음식에 결합시키셨다.

부활하서서 제자들과 다시 40일을 지내시는 동안에도 예수님은 제자들과 식사하셨다. 함께 밥을 먹는 일은 그분이 제자들과 늘 하셨던 일이다.

오랜만에 만난 친구에게 우리는 흔히 이렇게 인사한다.

"언제 밥이라도 한번 먹자!"

이것은 성경적인 인사다. 예수님은 함께 밥을 먹는 것을 제자화의 방법으로 사용하셨기 때문이다. 물론 그것이 단지 먹고 배부르기 위함이 전부라면 제자화나 교회의 일이 아니다. 하지만 언제, 어디서, 누구와 식사를 하든 음식을 통해 예수님의 살과 피를 기념한다면 그곳이 바로 제자화를 진행하는 교회가 된다.

일반적으로 삼시세끼를 먹는 일상 안에 제자화가 있다. 밥을 함께 먹으며 그 음식물로 예수님의 살과 피를 기념하는 것이다. 그 중심에는 예수님이 계신다.

밥을 보면서 예수님의 몸이라고 생각하며 먹으라. 국을 보면서 예수님의 피라고 생각하며 마시라. 음식물은 물리적으로 몸 안에서 에너지원이 된다. 제자들은 하나의 에너지원을 함께 섭취한다. 또한 그 자리에서 예수님을 따라가는 데 그 에너지원을 쓰며 살기로 함께 다짐한다.

일상의 공유

예수님이 명령하셨다. "나를 따라오라 내가 너희를 사람을 낚는 어부가 되게 하리라"(마 4:19). 이 명령을 듣고 제자들이 그분을 따라나섰다. 그리고 예수님은 약속대로 이루어주셨다. "어부"를 '사람 낚는 어부'로 변화시켜주셨다.

이 문장을 잘 살펴보면 일이 구분되어있다. 제자의 일은 '예수님을 따라가는 것'이다. 그러나 '변화시키는 것'은 예수님의 일이다. 따라갈 때 제자는 예수님과 동행을 경험한다. 사실 그것이 그분이 제자들을 부르신 첫 번째 목적이었다.

이에 열둘을 세우셨으니
이는 자기와 함께 있게 하시고
또 보내사 전도도 하며

막 3:14

예수님과 함께 3년을 먹고 마시며 매일 밤과 낮을 보낸 사람들은 배움을 얻었다. 동행을 통해 어떻게 기도하고, 사역하고, 사람들을 섬기는지를 배웠다.

그런 면에서 제자화는 교실 기반의 수업일 수 없다. 오히려 도제교육徒弟教育에 가깝다. 예수님의 제자화 수업은 함께 보내는 시간을 통해 그분을 따르는 삶이 각자의 인생에 서서히 물드는 과정이었다.

예수님은 사람들에게 '제자반 32주 강좌' 같은 것을 가르치지 않으셨다. 삶으로 모범을 보이셨다. 보고 따라 할 수 있도록 동행해주셨다. 동행하면 삶을 지켜볼 수 있다. 예수님은 자기 삶을 제자들에게 보여주셨다. 또 모든 것을 공유하셨다. 그분은 제자들 삶의 기준이자 모범이었다.

내가 너희에게 행한 것같이
너희도 행하게 하려 하여 본을 보였노라
요 13:15

우리도 그렇다. 지식전달만으로는 예수님의 제자를 만들 수 없다. 다시 말하지만 제자란 예수님을 따르는 자이다. "콩 심은 데 콩 나고, 제자 심은 데 제자 난다"(송준기,《무서워마라》, 규장, 2016, 197쪽). 그분을 따르는 삶이 어떤 것인지를 보여주는 동행자가 제자를 만든다.

동행할 때 식사만큼 좋은 것이 없다. 가장 일반적이고 평범하며 일상 중의 일상이다. 만약 예수님의 사람이 또 다른 사람들과 식사를 통해 자신의 일상을 공유한다면 그는 제자화를 진행하고 있는 것이다.

함께 밥을 먹어라. 새생명 축제에 친구를 초대해서 공연을 보여주는 것이나 주일예배에 동료를 초대해서 목사님의 설교를 듣게 하는 것은 특별한 일이다. 하지만 만나서 밥을 먹는 것은 특별하지 않다. 평범할 뿐만 아니라 때로 세속적이기까지 하다. 하지만 예수님의 모범을 따르는 중요한 제자화 방법이다.

그분을 따랐던 신앙 선배들의 모습을 떠올려보라. 선배 권사님들은 매일 아침 밥솥을 열 때마다 성만찬을 하셨다. 아침밥이 다 되면 솥뚜껑을 열고, 가장 먼저 밥주걱으로 큰 십자가를 밥 위에 그리셨다. 그리고 밥을 퍼 담으며 기도하셨다.

"주여, 오늘도 식구들이 이 밥을 먹고 세상에 나가서 예수님이 그들의 몸을 통해 하실 법한 일들을 하도록 도우소서."

선배 장로님들은 직장에서 일부러 점심시간마다 전 직원을 한 번에 한 명씩 만나서 식사하셨다. 그러면서 동료들을 축복하고 적시적지適時適地에서 도와주며, 그들을 위해 매일 기도해주셨다.

"주여, 오늘도 또 한 사람을 만나게 해주시니 감사합니다. 오늘 점심식사를 함께한 김 부장을 축복하셔서 함께 예수님을 따라가게 도와주소서."

그들은 교회와 삶이 분리되지 않은 제자들이었다. 일상에서 그리스도를 따라갔고, 그 모범을 일상에서 보였다.

식사뿐만이 아니라 매일의 일상이 제자화이다. 매우 특별한 경우가 아니라면 우리는 언제 어디서나 누군가를 만난다. 그때 가장 일상적인 일을 함께하라. 예수님을 따라가는 것이 어떤 것인지를 보여줄 수 있도록 누군가와 일상을 함께하라.

제자들이 교회다. 제자들은 각자의 삶의 현장, 즉 일상이 있다. 그러므로 교회는 일상에서 운영되는 평범한 것이 될 수 있다. 교회를 세우는 일, 즉 제자화를 하고 싶다면 교회 건물 밖에서 누군가와 밥을 먹어라. 의도적이고 정기적으로 일상을 공유하라. 그 과정에서 예수님을 따르는 것이 무엇인지를 보여주며 함께 발견하라.

겉으로 보이는 출렁이는 파도가 아니라
저 깊은 바다 밑에서 묵직하게 흐르는 해류가 닮아야
진짜 닮은 것이다.

김형태, 《예술과 경제를 움직이는 다섯 가지 힘》, 문학동네, 2016, 6쪽

분부한 모든 것을 가르쳐 지키게 하라
마 28:20

07

모여서 말씀을 배워라

복귀

구름의 바다 위에서 하룻밤이 지났다. 한 번에 하루씩 촘촘히 들어찼던 3년도 하룻길 같았다. 태평양을 건넌 비행기는 지쳐있었고, 북적이던 인천공항은 집처럼 아늑했다.

마중 나온 사람들 틈에 아내의 부모님이 서 계셨다. 미국에서 신학 공부를 무사히 마치고 교회 개척을 위해 복귀하는 사위와 딸을 기다리고 계셨다. 그들은 막 잠에서 깬 외손녀를 안고 기뻐하셨다. 가족은 서로 포근했다.

짐은 그리 많지 않았다. 나는 아내와 딸과 한국으로 돌아옴과 동시에 교회를 개척했다. 돌아보면 16년이나 걸린 시작이었다.

웨이처치의 첫 주일 모임은 1월 1일이었다. 처가는 따뜻했다. 처남이 중국 유학 중이어서 우리 세 식구가 지내기에 딱 좋은 방이 비어있었다. 태평양을 건너온 짐을 그 방에 풀었다.

다행히 장인어른과 장모님은 우리를 크게 환영하셨다. 특히 외손녀와 함께 먹고 자는 것에 기뻐하셨다. 게다가 웨이처치 개척도 누구보다 지지하셨다. 우리를 사랑해주실 뿐만 아니라 진심으로 믿고 기대해주셨다. 큰 용기를 주셨다.

한겨울에 교회를 시작했는데도 너무 따뜻했다. 냉장고는 언제 열어도 꽉 차 있었고, 방과 욕실의 보일러가 항상 돌아갔다.

따라 하기

전통대로 행하면 전통적인 교회가 된다. 문화조류를 따르면 문화적인 교회가 된다. 성경대로 행해야 성경적인 교회가 된다. 나도 성경적인 교회를 시작하고 싶었다. 그래서 성경을 펼쳤다. 마태복음이 나왔다.

성경을 살펴보니 예수님이 교회의 주인이셨다(마 16:18). 그분이 행하신 대로 따라 해야 그분의 교회를 시작할 수 있다는 믿음이 생겼다. 그래서 '따라 하기'가 시작되었다.

예수님은 40일을 광야에서 금식으로 기도하신 후에 제자들을 부르셨다(마 4:1-11,18-20). 나도 날마다 웨이처치 개척을 위해 힘써 기도하며 영적 리크루팅을 시작했다. 물론 40일 동안 광야에서 금식기도를 했던 것은 아니다. 다만 그 원리를 흉내 내었다. 매일 시간을 정해두고 하루 중 한 끼를 금식하며 6개월 동안 기도에 집중했다.

또 예수님은 사역지로 이사를 가셨다(마 4:13). 나도 가족과 함께 한국으로 이사를 왔다. 예수님은 공개적으로 복음을 외치셨다(마 4:17). 나도 홍대를 오가며 거리, 지하철, 공원, 시장 등에서 복음을 외쳤다.

예수님은 제자들을 부르셨다(마 4:19-22). 나도 기도의 자리에서 떠오른 사람들을 한 번에 한 사람씩 만나서 함께 예수님을 따라가자고 제안했다. 그 과정에서 우리 가정을 포함한 여덟 명이 한자리에 모였다.

첫 예배

아침부터 싸라기눈이 왔다. 장인어른과 장모님은 이미 모교회로 예배를 드리러 일찍 나가셨다. 아내와 나는 의자와 방석을 재배치하고 차를 준비했다. 오랜 시간 동안 마음에 품고 기도해온 사람들이 한 명씩 벨을 눌렀다. 잠시나마 주인이 바뀐 아파트로 개척 멤버들이 눈을 털며 들어왔다.

사실 첫 모임이 있기 훨씬 전에 우리는 서울의 한 커피숍에서 모여 종일 비전 설명회 파티를 열었다. 교회를 시작할 것을 알리며 대화하는 시간이었다. 웨이처치를 왜, 어떻게 개척하려고 하는지 나누었다. 그리고 40일 동안 각자 기도하며 확신이 생기면 다시 모이자고 약속한 후에 헤어졌다.

　그때는 누가 올지 서로 궁금해했는데, 오랜 시간이 지나 막상 만나니 신기했다. 우리는 몸 녹일 틈도 없이 대화를 나누었다. 반가운 잡담은 기도회로 이어졌고, 하나님은 기다리셨다는 듯이 큰 은혜를 주셨다. 여기저기서 눈물이 샘처럼 터졌다. 갑티슈는 첫 모임부터 예배의 필수품이 되었다.

　첫 말씀은 돌아온 탕자 이야기였다(눅 15:11-32). 저마다 자기 이야기라며 또 울었다. 하나님이 주신 은혜가 컸다. 회개할 것이 많아 함께 울기 위해 모인 것만 같았다.

　첫 예배 후에 우리는 함께 먹었다. 아내가 등갈비 김치찜을 준비했다. 회개한 사람들과 함께 먹는 주일 점심은 맛있었다. 식사 중에 우리는 떨어지는 밥풀만 봐도 웃음을 터뜨렸다. 서로가 서로를 기뻐했다. 말씀과 은혜의 효과였다. 회개로 깨어난 새 감각에 세상도 새로워 보였다.

　식사를 마치며 점심메뉴를 칭찬하던 한 자매가 커피를 쏘겠다고 했다. 차 한 잔 얻어 마시게 된 것이 마치 복권에라도 당첨된 듯 시끌벅적했다. 여덟 명의 환호는 거리에서도 이어졌다. 우리는 집 앞 커피숍에서 다시 모였다. 대화는 더 깊어졌다.

질문

웨이처치는 아무것도 없었다. 첨탑도, 장의자도, 그 흔한 SM58 마이크도, 피아노나 보면대도 없었다. 흰칠하고 인자한 전문 스태프들도, 홈페이지도 없었다.

교회를 시작하러 모였는데 있어야 할 것들이 없었다. 다만 몇 명의 사람들이 있었고, 그들은 평범했다. 수년 동안 신학교를 함께 다녔다거나 같은 모교회의 지원을 받는 팀도 아니었다. 혹은 목사나 선교사도 아니었다. 우리는 소위 말하는 '평신도'들일 뿐 특별하지 않았다.

예배에 모인 사람은 내 아내와 딸을 제외하면 다섯 명이었다. 그 중 한 명은 직장인이었다. 나는 그를 대학교 때 기독교서클에서 처음 만났다. 그는 여러 가지로 간증이 많았다.

다른 두 명은 교회 개척 사역을 위해 기성 교회에서 파송 받은 청년들이었다. 내 기억이 맞다면 둘 다 전통 교회에서는 아웃사이더들이었다. 다른 한 명은 유학을 마치고 돌아와서 개척에 합류한 영어 교사였고, 또 한 명은 말년 직업군인이었다. 이 둘은 내 이웃이자 친구였다.

그런 우리는 평범할 뿐만 아니라 모르는 것도 많았다. 무지하니 질문에는 자유로웠다.

"어떻게 교회를 시작할 것인가, 웨이처치의 비전은 무엇인가, 우리의 교회론은 무엇인가, 주일 모임에 누구를 데려올 것인가,

계속 목사님의 처가에서 모일 것인가, 식사는 누가 준비할 것인가, 필요한 물품은 없는가, 목사님의 사례비는 어떻게 마련할 것인가, 선교는 어떻게 할 것인가, 주일학교를 해야 하는가, 청소년부 전도사님을 초빙해야 하는가, 여름 수련회를 미리 기획할 것인가?"

그러나 이 질문들은 하나로 귀결되었다.

교회란 무엇인가

질문은 심오했다. 대답할 때마다 질문의 깊이가 훅 다가왔다. 한 청년이 말했다.

"교회란 담임목사님을 중심으로…."

누군가 말을 끊으며 물었다.

"그럼, 담임목사가 없으면 교회가 될 수 없는 거야?"

"응? 그럼, 될 수 없지!"

말을 끊었던 청년이 자기의 경험을 이야기했다.

"예전에 어떤 교회는 몇 년 동안 담임목사가 없었지만 여전히 교회였는데?"

"…."

이번에는 내가 물었다.

"그래, 담임목사가 없어도 교회가 될 수 있어. 그러면 다시 처음 질문으로 돌아가 보자. 교회는 무엇이지?"

하나의 질문에 많은 대답이 오갔다.

"일단 교단에서 공인한 리더십이 있어야…."

"교단 소속이 되어있지 않으면 교회가 될 수 없나?"

"…."

"동교동과 서교동 일대에 교회 건물 임대부터 알아봐야…."

"교회 건물이 없으면 교회가 아닌가?"

"…."

"캠퍼스들을 중심으로 해서 청년 전도부터 시작해야…."

"만약 그 사역을 하지 않는다면 교회가 아닌가?"

"…."

두 시간쯤 대화한 우리는 결국 다음 명제에 동의하게 되었다.

우리는, 교회가, 무엇인지, 모른다!

경험을 벗고 성경을 펼치다

교회에 대한 우리의 지식은 정답이 아니었다. 다만 저마다의 경험을 답으로 착각하고 있었다. 답을 정확히 몰라도 짐작할 수는 있다. 적어도 "교회가 무엇 무엇은 아니다"라는 것이었다.

교회는 건물이 아니다.

교회는 성직자들도 아니다.

교회는 교회 모임의 정치시스템도 아니다.

교회는 담임목사를 CEO로 하는 회사가 아니다.

교회는 복채 올려놓고 "비나이다" 하는 곳도 아니다.

교회는 수많은 행사 프로그램의 연속체도 아니다.

교회는 건강을 다루며 상담하는 동네 보건소도 아니다.

교회는 심리학이나 경영학을 가르치는 사립교육기관도 아니다.

교회는 연예인과 정치가의 인생 스토리를 듣는 강연장도 아니다.

교회는 일주일에 한 번, 사람들을 끌어 모으는 장소가 아니다.

아무리 생각해봐도 교회는 우리의 경험이 말하는 정의들보다 더 크고 깊어야 할 것 같았다. 그렇다면 교회란 무엇인가? 질문은 변함없었다. 우리는 몰랐다. 모름을 인정했다. 그러자 길이 보였다. 그래서 성경책을 펼치기로 했다. 무지에 대한 앎이 성경으로 우리를 이끌었다.

그렇게 "교회가 무엇인가?"라는 질문에 경험으로 대답하기를 멈추고 성경을 펼쳐서 대답해보기로 했다. 그리고 그 답대로 실행해보자고 결의했다. 경험이 맞다고 하는 것이 아니라 성경이 맞다고 하는 것을 좇아가보자고 약속했다.

계급장도 떼고, 선후배도 넘어서, 성경으로 대화해보자고 했다. 그리고 다른 것은 몰라도 예수님이 곧 말씀이시니(요 1:1,14, 계 19:13) 그분 때문에 모이자고 했다. 십자가 첨탑, 찬양팀, 온풍기, 화장실이 없어도 예수님 때문에 모이자고 했다. 모여서 경험을 벗고 성경을 펼치자고 했다.

사람들이 모였다고 다 교회는 아니다.
군중은 누구든 끌어 모을 수 있다.

트리니티 조단 Trinity Jordan

자기가 이미 알고 있다고 생각하는 것을 배우기는 불가능하다.

에픽테토스 Epictetus(닐 콜 Neil Cole,《교회 3.0》26쪽에서 재인용)

어떤 성이나 마을에 들어가든지
그 중에 합당한 자를 찾아내어
너희가 떠나기까지 거기서 머물라

마 10:11

08

한 번에 한 영혼을 키워라

소유자

첫 모임 후, 우리는 주중과 주말에 또 만났다. 같은 질문을 해 댔지만 이번에는 성경책을 펼 준비가 되어있었다. 먼저 찾은 구절은 마태복음 16장 18절이었다.

교회가 무엇인지에 대한 대답은 느렸지만 보스boss가 누구신지는 분명했다. "나의 교회"라는 예수님의 말씀에서 우리는 대화의 출발점을 찾았다.

설사 성경으로 교회를 정의하지 못한다 해도, 그것이 누구의 소유인지는 확실했다. 우리가 시작하는 웨이처치의 주인은 예수님이었다. 특정 목사 혹은 어떤 교단의 교회를 하려고 모이지 않았다. 예수님의 교회를 하려고 모였다.

당시 개척 멤버 중 한 형제는 제대를 앞둔 직업군인이었다. 그가 간결하고 단호하게 말했다.

"군인은 국가의 소유입니다. 그래서 국가의 명령에 복종하는 한 군인일 수 있지요. 만약 교회가 예수님의 것임을 인정한다면 우리도 그분의 명령대로 따라야 할 것입니다."

그는 옳았고, 멋있었다.

검색

멋진 군인 아저씨의 말에 우리는 동의했다. 가장 확실한 것을 가장 먼저 수행하기로 했다. 교회의 주인이신 예수님의 명령에 복종하기. 먼저 신약의 첫 장부터 펼쳤다. 예수님의 말씀들 중에서 명령형 문장을 찾아 밑줄을 긋기로 했다.

마태복음 1장 1절부터 찾기 시작했다. 계속 함께 성경을 읽었다. 그러면서 명령형 문장들을 중심으로 앞뒤 상황을 살폈다. 4장에서는 예수님이 사탄에게 하신 명령을 발견했다. 한마디로 "꺼지라"는 명령이었다(마 4:7,10). 잠시 서로 쳐다보다가 그 명령들은 순종하지 않기로 했다. 우리 중 사탄은 없어 보였다.

계속 한 절씩 읽어나가다가 첫 문장을 발견했다.

"회개하라!"(마 4:17)

자연스럽게 두 번째 주일예배 설교 본문은 마태복음 4장 17절이 되었다.

회개

주일 설교는 매번 대화식으로 진행되었다. 가정집에서 여덟 명이 예배를 드리는데, 강대상이 있다면 어색했을 것이다. 우리는 거실에 둘러앉아 회개에 대해 대화를 나누었다.

그때 나는 설교자로서 다윗과 탕자의 회개를 먼저 다루며 말씀을 전했다. 그러면서 준비된 질문을 던졌고, 또 다른 질문이 돌아왔다.

대화는 예배 후에도 이어졌다. 우리는 식사시간 내내 웃고 떠들며 수다를 떨었다. 어떤 죄가 자신에게 가장 달콤했는지 서로에게 공개했다. 심각한 죄인들이 모여있어서 도저히 교회가 안될 것 같다며 서로 놀리기도 했다.

식사를 마치고 티타임을 가지며 대화가 더 깊어졌다. 그때는 회개의 신학적 문제들에 대한 Q&A도 오갔다.

"어제 회개한 죄를 오늘 또 지어도 용서해주시나요?"

"언제까지 계속 용서해주시나요?"

"회개를 너무 중시하면 기쁨이 없지 않을까요?"

우리는 회개에 대해 대화하며 깊이 생각했다. 그러는 동안 해가 저물었고, 삶의 모든 영역에서 철저히 회개하기로 한 후에 헤어졌다.

예수님의 명령 따라가기

이후 일주일 동안 우리는 경쟁하듯 회개했다. 죄를 버리고 믿음을 입었다. 간증이 늘었고 사랑도 많아졌다. 회개할 것이 많은 우리는 서로에게 영적 가족이 되었다.

마태복음 4장에서 시작된 순종하기는 그 뒤로도 지속되었다. 한 주 후에는 "나를 따라오라"(마 4:19)를, 또 그 다음주에는 "기뻐하고 즐거워하라"(마 5:12)는 명령을 따라갔다. 그렇게 일 년이 흘렀다.

어떤 명령도 따르기 편하거나 쉬운 것은 없었다. 각각의 순종마다 믿음과 용기가 필요했다. 여정은 깊어서 낯설었다. 순종 액션을 취하자 명령자의 호흡이 우리의 코끝에서 뜨거웠다. 그분이 너무 가까이에서 느껴졌다.

그러자 성장이 이어졌다. 삶으로 들고 온 말씀이 순종을 통과하자 사람들이 변해갔다. 운전습관이 바뀌고, 식습관도 개선되었다. 불편한 환경을 바라보는 관점도 바뀌었다. 언행에 영향력이 생기고, 주변인들이 그 변화에 호기심을 갖기 시작했다. 우리는 저마다 또 다른 사람들을 예수께로 이끄는 통로가 되었다.

따라갔더니 변화되었다. 말씀대로였다(마 4:19). 우리는 기뻤다. 처음에는 교회를 시작하기 위한 목적으로 말씀에 순종했다면, 이제는 삶의 변화 때문에 좋아서 따라가기 시작했다. 엄마오리 뒤의 새끼들처럼 무조건 따라갔다. 때로는 세상의 공격도 받았지만 우리는 잃을 것이 별로 없었다.

가장 큰 변화는 교회를 대하는 우리의 태도였다. 순종은 마치 교회를 삶으로 들고 들어가는 듯한 인상을 주었다. 누군가를 교회로 오라고 하는 것이 아니라 자신이 교회가 되어 누군가를 만나고 있는 것 같았다. 교회는 순종하는 사람을 따라다녔다.

또 순종에는 바이러스 같은 영향력이 있었다. 가는 곳마다 사람들이 교회와 예수님에 대해 묻기 시작했다. 순종하니 세상이 그분을 궁금해했다. 그저 예수님의 말씀을 한 주에 하나씩 무조건 따랐을 뿐인데 교회가 태어났다. 예수님을 따라갔더니 홍대 거리 전도와 가정과 학교에서의 제자화 모임과 구제사역과 또 다른 교회들이 시작되었다.

그리고 나서야 우리는 첫 모임에서 했던 질문, 즉 "교회가 무엇인가?"에 대한 대답을 할 수 있었다.

"교회란 성경을 펼쳐들고 예수님을 순종으로 따라가는 사람들의 모임이다."

합당한 자

예수님의 명령 따라가기를 일 년쯤 진행했을 때, 우리는 마태복음 10장에 도달했다. "합당한 자를 찾으라"는 명령을 만났고, 그에 순종하자 제자화 사역도 시작되었다.

어떤 성이나 마을에 들어가든지

그 중에 합당한 자를 찾아내어

너희가 떠나기까지 거기서 머물라

마 10:11

예수님은 열두 명의 제자를 세상으로 파송하셨다. 주님은 먼저
제자들에게 권능을 주셨다(마 10:1). 제자들은 그분의 명령대로
가깝고 익숙한 사람들에게 먼저 가서(마 10:5,6) 권능을 행했다
(마 10:7,8).

여기까지는 우리의 경험과 일치했다. 우리도 사도들처럼 성령
의 권능을 받았고(행 1:8), 복음을 가까운 관계 안에서 먼저 전했
다. 또한 복음을 전하며 필요에 따라 예수님의 이름으로 기도해
주었다.

그러나 그 다음부터는 우리의 경험과 반대되었다. 그것은 "합
당한 자를 찾으라"라는 부분이었다. 예수님이 말씀하시는 "합당
한 자"란 두 가지 조건을 충족해야 한다. 그는 사역자의 개인적
필요를 공급하는 사람이며(마 10:9,10, 눅 10:7), 사역자가 전한
평안, 즉 복음을 받아들이는 사람이다(마 10:12-14, 눅 10:5,6).

예수님은 왜 많은 사람들 틈에서 하필 세리장 삭개오에게 집
중하셨고(눅 19:1-10), 바울은 왜 자색 옷감 장사 루디아 자매에
게 집중했으며(행 16:13-15), 빌립은 왜 에디오피아 내시에게 복음

을 전했고(행 8:26-38), 베드로는 왜 고넬료 집에 가서 지냈는지(행 10:23-43)를 생각해보라.

또 예수님의 공생애를 살펴보라. 그분은 늘 열두 명에게 집중하셨다. 그 중에서도 일곱 명의 어부 그룹에게 집중하셨고, 특히 베드로, 야고보, 요한 세 명의 제자에게 더 집중하셨다. 또한 그 셋 중에서도 베드로 한 사람에게 더욱 집중하셨다. 그분은 왜 늘 소수의 누군가에게 집중하셨을까?

이처럼 성경의 다른 부분들도 "합당한 자를 찾아라"라는 예수님의 명령과 일치한다.

전도와 제자화

하지만 예수님이 말씀하신 "합당한 자"는 우리의 사역 타깃과 꽤 달랐다. 우리는 사역에 필요한 것을 스스로 공급하려고 했고, 또 복음을 받아들인 사람보다는 그렇지 않은 사람들에게 집중해서 복음을 전하고 있었다.

우리는 주로 "합당하지 않은 자"를 찾았다. 거리에서 복음을 전하면 약 100명 중 한두 명이 예수님을 영접했다. 그러면 신나서 또 다른 사람에게 복음을 전하려고 찾아다녔다. 그러나 예수님의 명령 따라가기를 진행하면서 방향을 바꿨다.

전도를 계속하되 "합당한 자"를 만나면 제자화를 시작하기로 했다. 전도의 현장에서는 99명에게 거절당하는 것이 가장 힘들었다. 그러나 예수님은 제자들에게 분명히 명령하셨다.

> 누구든지 너희를 영접하지도 아니하고
> 너희 말을 듣지도 아니하거든
> 그 집이나 성에서 나가
> 너희 발의 먼지를 떨어버리라
> 마 10:14

예수님을 받아들이지 않는 사람들을 힘들어해도 된다는 말씀은 없었다. 그 대신 발의 먼지를 떨어버리라고 하셨다. 그리고 복음을 받아들인 "합당한 자"에게 집중하라고 하셨다. 심지어 그와 함께 지내라고 하셨다(마 10:11).

1년 가까이 훈련을 했기에 이번에도 예수님이 시키시는 대로 했다. 홍대 거리 전도뿐만 아니라 삶의 현장에서도 눈에 불을 켜고 "합당한 자"를 찾기 시작했다.

우리는 밥을 산다는 선배, 어떻게 지내는지 궁금해하는 친구, 우리가 전한 복음을 받아들이는 사람에게 집중했다. 그 과정에서 교회 모임에 사람들이 점점 많아졌다.

방향

교회를 개척한 후 일 년이 되도록 다섯 명에서 여덟 명이 모였다. 그러기에 모임 장소도 어디서나 가능했다. 서로의 집에서 밥을 먹으며 성경을 공부했고, 캠퍼스나 공원에서 예배했다. 거리의 멋진 커피숍들은 늘 교회 모임 장소로 최고였다. 우리끼리 있으면 뭘 해도 참 좋았다. 말씀을 공유하며 서로의 상황을 누구보다 잘 아는 사이라서 그랬다.

솔직히 그때까지 우리는 인원이 늘지 않는 것에 조바심이 많이 났다. 교회를 시작하고 일 년이 되도록 같은 사람들과 만나니 불안했다. '교회를 제대로 하고 있는 것인가' 싶을 때가 많았다. 때로는 누군가를 억지로 모임에 데려오기도 했다. 하지만 늘 어색했다. 몇 사람의 돈독한 관계 안에 처음 데려다 놓은 외부인은 꿔다 놓은 보릿자루 같았다.

그러나 합당한 자를 삶의 현장에서 찾기 시작하면서 분위기가 전환되었다. 학교에서 수개월 동안 함께 밥 먹고 공부하며 예수님에 대해 대화하는 친구가 생겼다. 또 이웃사촌이나 직장 선배가 합당한 자임을 발견하고 관계를 쌓기도 했다.

몇 주에 걸쳐서 저마다 합당한 자를 찾았다고 보고했다. 그리고 우리의 모임에서 그들과 무엇을 했는지 나누며 함께 기도했다. 우리는 모일 때마다 얼굴 한 번 본 적 없는 사람들의 소식을 나누며 그들도 예수님의 제자가 되기를 간절히 기도했다.

누가 모여야 하는가

누구든 사람을 모을 수 있다. 하지만 그것이 곧 교회가 될 수는 없다. 불금(불타는 금요일 밤)에 홍대 클럽에 가면 사람이 많이 모인다. 하지만 우리는 그곳을 교회로 보지 않는다. 예수님을 따르는 사람들의 모임이 아니기 때문이다.

교회는 예수님이시고, 그분의 소유이며, 동시에 제자들이다. 우리는 어중이떠중이를 많이 모으려고 예수님을 따르는 것이 아니다. 제자화에 합당한 사람을 찾아 함께 지내야 한다.

우리의 모임이 교회가 되려면 제자가 되어 제자를 삼아야 한다. 만약 제자화의 의무에 예외를 인정한다면 예수님을 따르지 않는 교회가 되어버린다. 돌아보면 나를 통해 예수님을 만나고 싶어 하는 사람이 늘 주변에 있었다. 누구든 회개할 것이 있고, 신앙 조력이 필요하다. 신자든 불신자든 모두 예수님을 필요로 한다. 내 경우에는 가장 가까운 곳에 내 아내와 딸이 있다. 부모와 친척도, 친구와 선후배도 마찬가지다.

예수님이 주신 명령임에도 우리의 경험이 그것을 거부할 때가 있다. 합당한 자는 너무 적은데, 그들에게 집중하면 다른 많은 사람들을 잃는 것이 아닌가 하는 생각이 들 때가 있다. 말씀과 경험이 서로 상충된다면 고민할 것 없이 둘 중 하나에 "네"라고 응답하면 된다.

예수님을 따를 것인가 아니면 자신의 경험을 좇을 것인가?

전도 과정

　한편, 합당한 자를 찾아서 깊이 교제하는 것이 전도를 거부하는 일은 아니다. 전도는 합당한 자를 찾는 과정에 꼭 필요하다. 전도해야 제자화를 시작할 수 있다. 씨를 넓게 많이 뿌려야 어딘가에서 열매가 맺힌다.

예수께서 다시 바닷가에서 가르치시니 큰 무리가 모여들거늘

예수께서 바다에 떠 있는 배에 올라 앉으시고

온 무리는 바닷가 육지에 있더라

이에 예수께서 여러 가지를 비유로 가르치시니

그 가르치시는 중에 그들에게 이르시되

들으라 씨를 뿌리는 자가 뿌리러 나가서 뿌릴새

더러는 길 가에 떨어지매 새들이 와서 먹어 버렸고

더러는 흙이 얕은 돌밭에 떨어지매 흙이 깊지 아니하므로

곧 싹이 나오나 해가 돋은 후에 타서

뿌리가 없으므로 말랐고

더러는 가시떨기에 떨어지매

가시가 자라 기운을 막으므로 결실하지 못하였고

더러는 좋은 땅에 떨어지매 자라 무성하여 결실하였으니

삼십 배나 육십 배나 백 배가 되었느니라 하시고

막 4:1-8

조지 바나 그룹의 설문조사에 따르면 교회에 나오기까지 교인들은 평균 일곱 번 전도를 받는다고 한다. 또 어떤 거리 전도자는 복음을 전하면 500명 중 1명가량이 영접한다고 했다.

우리는 예수 안에서 서로 연결되어있다. 누군가가 이미 전도해둔 사람이 지금 주변에 있다. 그는 당신의 일곱 번째 전도를 기다리고 있다.

합당한 자는 가까이에 있다. 만약 없다면 가능성은 둘뿐이다. 성경 말씀이 틀렸거나 무엇인가가 우리 눈을 가려서 발견하지 못하는 것이다. 하지만 성경이 틀렸을 리가 없으므로 가능성은 하나다. 우리가 못 보고 있는 것이다.

합당한 자를 찾아라. 그와 함께 자주 밥을 먹으며 매번 현장에서 예수님을 가르쳐줘라. 그분의 말씀대로 살도록 도우라. 거기서 아버지와 아들과 성령의 이름으로 세례를 줘라. 그리고 또 다른 이를 제자화하도록 인도하라.

당신이 먼저 예수님을 따르라. 그 뒤를 또 다른 이가 따르게 하라. 제자를 심어야 제자가 난다. 교회는 제자화의 열매다.

영혼을 주님께 인도할 수 있다면 내가 어디에 있든지
어떻게 살든지 또 무엇을 견디게 되든지 나는 관계치 않노라.
잠을 자면 저들을 꿈꾸고
잠을 깨면 첫째 생각이 잃어버린 영혼들이라.
아무리 박식하고 능란하며 또 심오한 설교와

청중을 감동시키는 웅변이 있을지라도
그것이 결코 인간의 심령에 대한
뜨거운 사랑의 결핍을 대신할 수는 없노라.

● 웨이처치 첫 1년간 진행했던 "예수님의 명령 따라가기"를
짧은 강의에 담아둔 유튜브 링크를 소개한다.

또 네가 많은 증인 앞에서 내게 들은 바를
충성된 사람들에게 부탁하라
그들이 또 다른 사람들을 가르칠 수 있으리라

딤후 2:2

09

옳은 일을 계속하라

경험 너머의 지혜

우리는 자주 우물 안 개구리처럼 생각한다. 자신의 경험이 세계의 전부라고 여긴다. 그러나 하늘은 한 뼘이 아니다. 진실은 우물 너머에 있다. 인생은 길어야 100년쯤이다. 그 안에서 50년이라도 내다보며 살면 굉장한 사람이 될 것이다. 하물며 영원을 내다보며 산다면 어떻겠는가?

멀리 내다보는 사람들 중 하나는 농부다. 그들은 당장 눈앞의 서리나 긴 밤 때문에 흔들리지 않는다. 늘 추수를 바라본다. 그들은 때와 절기에 맞춰 끝까지 땀 흘린다.

교회를 하는 사람, 즉 제자화를 진행하는 이는 영적 농부와 같다(고전 3:6). 기도로 사람들의 마음밭을 일구며, 말씀 씨앗을 뿌리고, 심방으로 물을 준다. 하나님 은혜의 햇볕이 쪼이기를 바라며 추수의 날까지 긴장을 늦추지 않는다.

아이를 가진 어머니도 농부의 지혜로 행한다. 몸과 마음을 스스로 지키며 해산의 날까지 모든 수고를 완수한다. 생명의 잉태자라면 그래야 한다. 영적 아비와 어미들도 마찬가지다. 한 사람을 마음에 품고, 또 다른 제자를 낳는 제자가 탄생될 때까지 수고한다.

복음의 4세대

"하나님의 방법은 사람이다"(E. M. 바운즈E. M. Bounds). 한 사람, 아담이 모든 것을 타락시켰고, 한 사람, 그리스도의 부활이 만물을 회복했다(고전 15:22, 엡 1:22).

오늘날의 어떤 거대기업, 문명, 혹은 문화조류라도 반드시 그것을 시작한 한 사람이 있다. 하나가 둘이 되고, 둘이 넷이 되는 과정이 지속되면서 작은 것이 점차 거대해진다.

교회도 마찬가지다. 예수 그리스도께서 시작하신 일은 제자에게서 제자에게로 2천 년 넘게 진행되어 오늘에 이르렀다. 주님께서 그 과정을 진행하셨다. 예수님이 제자들 사이의 연결고리셨다. 예수님의 사람들이 그분의 능력과 방법으로 또 다른 사람들에게 교회를 실행해왔다.

사도 바울은 예수께서 부탁하신 복음을 디모데에게 부탁했다. 디모데는 바울로부터 부탁받은 것을 "충성된 사람들"에게 부탁했다. 그리고 그들은 "또 다른 사람들"을 가르쳤다(딤후 2:2).

각 관계의 중심에는 늘 예수님이 계셨고, 사람으로부터 사람에게로 제자화가 이어지는 동안 교회는 세상을 덮었다.

사람들에게 복음이 전파되어 교회가 되는 제자화는 4세대 원리를 보여준다. 바울은 1세대, 디모데는 2세대, "충성된 사람들"은 3세대, 그리고 "또 다른 사람들"은 4세대이다(딤후 2:2). 이 원리가 기독교 역사를 관통해왔다.

연차	전도자	제자	4세대
1	365	2	3
2	730	4	9
3	1,095	8	27
4	1,460	16	81
5	1,825	32	243
6	2,190	64	729
7	2,555	128	2,187
8	2,920	256	6,561
9	3,285	512	19,683
10	3,650	1,024	59,049
11	4,015	2,048	177,147
12	4,380	4,096	531,441
13	4,745	8,192	1,594,323
14	5,110	16,384	4,782,969
15	5,475	32,768	14,348,907
16	5,840	65,536	43,046,721

〈복음전도로 인한 증가 vs 제자화 배가〉

닐 콜은 제자화를 "배가하는 사역"이라고 불렀다(《교회 3.0》, 스텝스톤, 2010, 125-129쪽). 배가하는 사역을 로비 갤러티 박사는 앞의 그림과 같이 설명했다(로비 갤러티Robby Gallaty, 《Growing Up: How to be a Disciple Who Makes Disciples》, Crossbooks, 2013, 15쪽).

복음 전하는 자가 매일 한 사람씩 전도하면 1년에 365명이 예수님을 따르게 된다(전도자). 반면 제자화 사역을 하는 사람이 매년 두 사람을 키우면 오랜 시간이 지났을 때 훨씬 많은 사람이 예수님을 따르게 된다(제자). 한편, 제자를 낳는 제자를 키우며 누군가를 지속적으로 제자화한다면 장기적으로는 가장 많은 사람이 예수님을 따르게 된다(4세대). 닐 콜은 이것을 "교회 배가 운동"이라고 불렀다(《교회 3.0》, 스텝스톤, 2010, 135쪽).

집중

하나를 선택하면 다른 것을 버려야 한다. 바울은 제자화에 집중하느라 이상 행동을 많이 보였다. 예수님을 만난 뒤에 수년 동안 유대로 돌아가지 않았고, 그 뒤에도 예루살렘으로 돌아가 고작 2주간 머물렀다. 이는 유대인 리더십을 무시하는 행동이었다(게리 윌스Garry Wills, 《What Paul Meant》, Penguin, 2006, 5-34쪽).

심지어 다른 사도들과도 반목하는 듯했다. 그는 14년 동안이나 예루살렘을 떠나있었고(갈 2:1), 이 때문에 교회의 리더들은 바울의 얼굴조차 거의 몰랐던 듯하다(갈 1:22). 그뿐 아니다. 심지어 바울은 다른 사도들을 직접적으로 비판하기도 했다.

특히 갈라디아서 2장에서는 바울이 예수님의 수제자 베드로와 예수님의 동생 야고보까지도 비판하는 장면이 나온다(갈 2:11-13). 이런 그의 이상 행적은 신약 도처에 등장한다. 선교여행 중에는 교회의 핵심 지도자와 싸우고 갈라섰다(행 15:36-41). 유럽에 가서는 한 여자 성도를 집중 제자 양육했다(행 16:14,15). 심지어 유대인들이 우러러보는 이력들을 저질 취급하며 '똥배설물'이라고 막말을 했다(빌 3:8).

하지만 바울은 언제 어디서나 제자를 삼고 가르쳐 지키게 하는 일에 집중했다. 수만 명을 모아놓고 전도집회를 연 것도 아니었고, 그를 통해 하루에 수천 명씩 회심한 것도 아니었다. 다만 그는 제자 삼는 제자를 만들고 키우는 일에 집중하며 늘 몇 사람과 수년씩 동행했다. 끝까지 그랬다.

교회의 슈퍼밈

세상에는 대다수가 일반적으로 믿는 거짓 상식이나 주장이 존재한다. 예를 들면 식후 한 시간이 지나야 수영을 할 수 있다든지, 리더를 바꾸면 조직 전체가 획기적으로 달라질 것이라든지,

지방을 뺀 우유는 마셔도 살이 안 찐다든지 하는 것들이다.

이것들은 한마디로 일반화된 거짓 생각, 느낌 혹은 문화이다. 사람들에게 일반적으로 널리 받아들여진 생각이지만 과학적 상관관계는 없다. 레베카 코스타Rebecca Costa 박사는 잘못된 상관관계를 쉽게 믿는 것을 '슈퍼밈'Super meme이라고 지칭했다(《The Watchman's Rattle(지금, 경계선에서)》, VP, 2010, 44-59쪽).

교회에도 슈퍼밈이 존재한다. 그 중 하나는 교실 기반의 어떤 프로그램을 통해 제자들을 대량 생산할 수 있다는 생각이다. 예를 들어, 전도팀이 영접자들을 새가족부에 넘겼다고 가정해보자. 그들은 몇 주간 새가족 교육을 받은 후에 성장반에 들어간다. 또 몇 주가 지나면 제자반에, 그 후에는 사역자반으로 간다.

시간이 지나면 학생들이 자연스럽게 진급하듯, 새신자들도 교회의 제자화 프로그램을 거치면 성장하는 것으로 여긴다. 그리고 교회는 제자들이 많아졌다고 생각한다. 하지만 정작 신자들은 여러 장의 수료증을 받았으면서도 4세대 제자화는 거의 하지 못한다. 이런 제자반 시스템을 갖게 된 데는 두 토대가 있다.

첫째는 공장형 사고방식이다. 1차 산업혁명 이후, 우리는 지난 수백 년간 공장장처럼 생각해왔다. 최소의 투입으로 최다의 획일적인 결과물들을 최단 시간에 만들어내는 것이다.

공장형 시스템은 개인에게나 집단에게나 삶의 철학이자 성장의 기본 원리로 널리 받아들여졌다. 이 토대 위에 획일적인 공장형 교육 시스템에 사람들을 집어넣고, 컨베이어 벨트Conveyor belt를 돌리듯 진급시키고 있다.

둘째는 윌로우크릭 모델이다. 1990년대의 한국교회는 대부분 미국 메가처치 현상을 추종해왔다. 그들의 교육시스템을 무비판적으로 카피했다. 그 중 대표적인 모델 교회가 미국의 새들백교회와 윌로우크릭교회였다. 그들은 메가처치 현상의 중심에 있었다. 이것은 주일예배에 2천 명 이상 모이는 것을 교회 성공의 척도로 여기는 이상 사회 현상이다(신광은, 《메가처치를 넘어서》, 포이에마, 2016, 15-41쪽).

공장형 모델이나 메가처치 현상은 제자화를 지지하지 않는다. 제자화는 복음의 4세대를 탄생시키기 위해 한 사람이(1세대), 또 다른 한 사람(2세대)을 붙들고 오랜 시간 삶으로 동행해야 한다. 앞에서 말한 대로 수백 명 이상을 전도하며 혹시 합당한 자를 하나라도 얻게 되면, 그에게 집중하는 수년을 보내야 한다. 예수님조차 3년이나 걸리셨다. 느려서 인내가 필요한 일이다.

"최소, 최단, 최다"를 추구하는 공장형 사고방식으로 보면 제자화는 비효율적인 일이다. 메가처치 현상의 추종자들은 '당장', 2천 명이, 주일 대예배 시간에, 한자리에 모이는 것을 원한다.

사람은 보고 싶은 것을 본다. 예를 들면, 사도행전에서 하루에 3천 명이 회심하는 장면만 보고(행 2:41), 그들이 곧 세상 각지로 흩어지는 것은 보지 못한다(행 8:1).

많은 사람을 모이게 하려면 도제교육은 효과가 떨어진다. 공장형 시스템이 효과적이다. 교실 기반의 제자화 교육은 메가처치 현상의 배경에 힘입어 오늘날의 교회 안에도 깊이 들어와 있다.

제자화를 교실 기반 수업에 담겠다는 생각은 슈퍼맘이다. 물론 하나님은 메가처치 현상의 추종자들에게도 은혜를 주신다. 그러나 그분은 우상숭배자들에게도 일반은혜를 허락하셔서(행 14:16,17), "모든 사람이 구원에 이르도록" 기다리고 계심을 기억해야 한다(딤전 2:4). 흥미롭게도 윌로우크릭교회는 자신들이 제자화에 실패한 모델이라고 스스로 발표했다(〈크리스천투데이〉, 2007, October).

중세 교회론

돌아보면 초대교회는 선교를 따로 진행한 적이 없다. 제자들이 교회였고, 교회 존재 자체가 선교였기 때문이다. 그런데 4세기 이후에 교회 건물을 교회와 동일시하면서 변질된 교회론이 빠르게 세계로 번졌다. 제자들이 접촉하는 모든 사람에게 복음이 전염되어갔던 선교는 건물 본부에서 파송하는 특별한 선교사로 대체되었다. 교회와 선교의 분리가 교회 건물에서 시작된 셈이다.

'삶의 현장'이라는 본연의 선교지는 비공식적이고 비전문적인 것으로 전락했고, 제자들에 의한 일상의 복음 설교는 비신학적이고 비교회적인 것으로 간주되었다.

중세적 교회론에는 다섯 가지 요소가 있었다. 건물 중심(아름다운 성당), 특별한 날(주일), 전문 리더(국가 공인 성직자), 자기 유지 방법(십일조와 헌금), 그리고 특별한 의식(시스템 유지를 위한 동기 부여 의식)이 그것이다(볼프강 짐존Wolfgang Simson, 《가정교회》, 국제제자훈련원, 2004, 76-79쪽). 문제는 이것들이 비성경적이며, 오늘날까지 지속되고 있다는 데 있다.

주일예배의 목적

메가처치 현상을 추종하는 사람들은 제자화의 전문가와 비전문가를 나눈다. 그들은 개별 전도가 이뤄지더라도 제자화를 특별한 사람에게 의탁한다. 심지어 주일예배를 통해 전도나 제자화를 하려고 한다.

특별한 시간에, 특별한 건물 안에 있는, 특별한 사람 앞에 앉혀놓으면 전도도 되고 제자화도 될 것이라고 생각한다. 그들은 종종 불신자 친구를 교회에 앉혀놓고, 그와 제자화 관계가 없는 전문 설교자에게 복음을 듣도록 한다.

메가처치 현상의 추종자들은 그렇게 함으로써 주일 오전 11시에 2천 명 이상을 1시간가량 앉혀둔다. 결과보다 과정이, 과정보다 동기가 중요하다. 같은 일을 하더라도 왜 하는가가 더 중요하다. 누군가를 교회로 인도하는 이유가 머릿수 하나 더 채우려는 것이라면 그것은 하나님 앞에서 진실된 행동이 아니다.

주일예배의 목적은 무엇인가? 언젠가 생일파티를 비유로 예배의 목적을 설명하는 설교를 들은 적이 있다. 에디 변^{Eddie Byun} 목사는 이렇게 말했다.

"만약 누군가의 생일을 축하하러 모인 사람들이 주인공은 제쳐두고 자기들끼리 파티 일정에만 정신이 팔려있다면 그것은 주객이 뒤바뀐 행동이 될 것이다"(www.youtube.com/watch?v=9oqtZbDYC_8).

주일예배의 주 목적은 '예배'이다. 예배의 대상은 하나님이며, 방법은 예수님의 이름이다. 예배를 다른 의도로 진행하는 것은 주객이 뒤바뀐 행동이다. 더 많은 사람이 오게 하려는 목적으로 진행되는 예배는 하나님의 자리에 사람 수를 올려놓는 것이다. 우상숭배다. 합당하지 않은 사람들을 "합당한 자"(마 10:11)들의 모임에 넣음으로써 숫자를 늘려보려는 의도는 예배와 맞지 않다. 많은 사람들을 한자리에 모으려는 동기는 예배와 상관없다.

옳다면 지속하라

"태산불양토양"^{泰山不讓土壤}, 즉 '태산은 흙 한 줌도 사양하지 않는다'는 말이 있다(사마천, 《사기 이사열전》). 이 말을 좀 바꾸면

"한 줌의 흙을 소중히 여길 때 태산을 이룰 수 있다"라고 하겠다.

한 명을 제자화하는 일은 메가처치 현상에 빠지는 것보다 훨씬 겸손한 일이다. 신학공부를 몇 년을 했든, 어떤 사역을 얼마나 오래 했든, 얼마나 많은 재화를 투자했든, 그 모든 것을 한 사람에게 쏟아 붓는 것이 겸손이다.

제자 삼는 제자를 기르는 것은 그 가치와 효과만큼의 주목을 받지 못하는 일이다. 눈에 크게 띄지도 않고, 쉽지도 않다. 겸손해야 할 수 있는 일이다. 교회를 실행하는 자는 자기보다 남을 낮게 여기는 겸손의 사람이어야 한다(빌 2:3).

제자화에 큰 가치를 두는 것은 정상의 범주에서 많이 벗어난다. 세상에서뿐만 아니라 교회에서도 자주 미친 놈 취급을 당한다. 제자화는 우리의 모든 것을 요구한다. 믿음, 희생, 기도, 그리고 겸손을 요구한다.

우리가 따르는 예수님도, 그분을 따랐던 선배들도 진짜 미친 사람들이었다. 복음의 4세대를 키우려면 슈퍼맘을 벗고 예수님을 입어야 한다(롬 13:14). 정상으로 보이는 넓은 길에서 나와 좁고 협착한 길로 들어가야 한다(마 7:14). 돈과 명예와 스펙 쌓기가 아니라 예수님을 따르는 사람들, 슈퍼맘이 아니라 성경을 추종하는 사람들, 내일이 아니라 천국을 이야기하는 사람들, 숫자가 아니라 영생을 목표로 달리는 사람들, 이런 사람은 세상이 감당하지 못한다(히 11:38).

스스로 지혜롭게 여기지 말지어다
여호와를 경외하며 악을 떠날지어다
잠 3:7

반대에 부딪혀도 지속하라

개척의 장벽들

몇 년 전, 에드 스테처Ed Stetzer 목사는 한 신학교에서 미국교회에 개척을 싫어하는 사고의 장벽이 있다고 강의했다. 그것은 각각 대형교회 사고방식Large Church Mentality, 전문가 교회 신드롬 Professional Church Syndrome, 행정교구 사고방식Parish Church Mindset, 응급처치 접근Rescue Approach, "이미 알고 있다"라는 사고방식 Already Reached Myth의 다섯 가지였다(Missional Church Planting conference, 《Southern Baptist Theological Seminary》, May 11, 2009, http://news.sbts.edu/?p=702).

이 항목의 제목들을 그대로 사용해서 우리가 제자화를 하지 않으려는 태도에 대해 생각해보려고 한다.

대형교회 사고방식

대형교회는 옳지도 그르지도 않다. 교회의 여러 형태들 중 하나일 뿐이고, 덩치만큼이나 문제도 더 많다. 그러나 대형교회 현상, 즉 교회는 무조건 성도가 많아지고 규모가 커지는 것이 사역의 목적이라는 생각은 문제가 크다.

한번은 목사님들과 신학생들을 대상으로 교회론 강의를 진행하다가 클럽 사진 하나를 보여주며 내가 물었다.

"이 사진을 보니 어떤 생각이 드나요?"

청중이 대답했다.

"너무 멋져요!"

"부러워요!"

"부흥했네요!"

내가 다시 말했다.

"이 사진이 어떤 장소에서 찍은 것인지 알면 생각이 달라질 겁니다."

"네? 교회 예배를 찍은 사진 아닙니까?"

"이 사진은 자정이 넘은 시간, 술 마시고 춤추며 하룻밤의 상대를 찾는 남녀들의 세속적인 클럽 모임을 찍은 것입니다."

대형교회 사고방식은 제자화에 방해가 된다. 그것은 사람을 많이 모으는 것에 목적이 있는 데 반해 제자화 사고방식은 한 영혼으로부터 작게 시작하려고 하기 때문이다.

성경을 토대로 한 신앙 공동체가 유기체적이고 자연 발생적으로 제자화를 통해 배가되는 것과 야망을 토대로 한 어떤 지도자가 신앙 공동체를 이용하여 사람들을 모아 교인이 많아지는 것은 완전히 다르다.

나는 지금 대형교회를 이야기하는 것이 아니다. '대형교회 사고방식'이라는 그 병적 사고방식이 제자화 사역에 방해가 된다.

전문가 교회 신드롬

최근에 한 교회에서 제자화 사역을 어떻게 할 것인지 회의를 했다. 그 결론은 제자화 전문가(?)를 고용하는 것이었다.

얼마 뒤, 그들은 수소문 끝에 관련 학위를 가진 유학파 목사님을 모셔왔다. 그리고 1년 뒤에 그 교회는 본인들이 잘못된 결정을 내렸다는 것을 깨달았다. 실제 사역의 현장에서 제자화에 관해 기대했던 일들이 일어나지 않았기 때문이다.

전문가 교회는 병적이다. 은혜 받고 사역하고 싶어 불타오르는 성도들을 제쳐두고 전문가를 외부에서 찾는 달뜬 열정도, 전문가 한 사람만 있으면 전체가 바뀔 거라는 게으른 기대감도, 작고 어리숙한 사람들을 무시하는 사고방식도 병이다.

설교방송에 대해 자문해보라. 언제부터 교회에 방송 시스템이 필수였는가? 눈앞에 서 있는 설교자의 아랫입술에 붙은 밥풀도

생생하게 보이는데 왜 강대상 뒤에 목사님 얼굴을 대형모니터로 또 상영하는가?

음향 시스템에 대해 자문해보라. 속삭여도 설교 소리가 잘 들리는데 왜 여러 대의 마이크와 수백만 원짜리 스피커들을 꽂아두었나? 그런 것들은 전문가 신드롬이 만든 어색한 장면들 중 하나다.

제자화 사역도 마찬가지다. 전문가들만 교회 사역을 할 수 있고, 제자화 사역을 할 수 있다는 병적 사고방식이 제자화 사역을 막아선다. 물론 이론이 없는 실천, 지식이 없는 실행은 신뢰가 가지 않아 불안하다. 하지만 동시에 실천이 없는 이론은 회의적이고, 실행이 없는 지식도 허무할 뿐이다.

신학교 교수들이 종종 이런 자학개그를 한다.

"설교학 교수는 설교를 못해서 연구하다 보니 교수가 된 것 같고, 전도학 교수는 전도를 못해서 연구하다 보니 교수가 된 듯하다. 그러나 무엇보다 우리가 강의를 못해서 교수가 된 것만큼은 가장 확실하다."

한편, 성경이 말하는 제자화 전문가란 전문가 신드롬이 말하는 전문가와 다르다. 그들은 "학문 없는 범인"(행 4:13), "미련한 자와 약한 자"(고전 1:27), "천한 자, 멸시받는 자, 없는 자"(고전 1:28)였다. 그들은 여자, 아이, 어부, 세리, 그리고 죄인이었다.

형제들아 너희를 부르심을 보라

육체를 따라 지혜로운 자가 많지 아니하며

능한 자가 많지 아니하며

문벌 좋은 자가 많지 아니하도다

고전 1:26

예수님은 인간이 생각하는 비전문가들을 택하셔서 그들에게 천국 열쇠와 제자화를 맡기셨다. 성경은 말한다. 전문가에 대한 비밀은 학위에 있지 않고 예수님의 위임에 있다고.

전문가 신드롬에 빠진 교회에서는 이제 막 신앙생활을 시작한 새신자가 제자화 사역을 하는 것을 막아선다. 새신자를 비전문가로 보기 때문이다. 전문가 신드롬에 빠진 교회에서는 어린이나 노인이나 뭔가 약한 구석이 있는 성도들이 제자화 사역을 하는 것을 막아선다. 그들을 비전문가로 보기 때문이다.

전문가 신드롬에 빠진 사람들에게 물어보라.

"제자화 전문가가 누구라고 생각합니까?"

"제자화 학위가 있으면 제자화를 할 수 있는 사람입니까?"

"제자화 학위가 없으면 제자화를 할 수 없는 사람입니까?"

막 예수님을 만난 사람은 불신자 친구들을 찾아다니며 전도하고 제자화한다. 무식하면 용기가 있어서 그렇다. 난생 처음 창세기 1장 1절을 펼쳐본 사람은 성경 한 번 읽어보지 않은 친구들에게 그 구절 하나를 소개한다. 아는 것이 적어서 전달이 빠르다.

예수님의 희생과 사랑을 처음 경험한 사람은 아직 그걸 모르는 사람들에게 그 희생과 사랑을 전하고 가르친다. 신세계를 처음 경험해 마음이 뜨거워서 그렇다.

제자화는 학위가 있든 없든 예수님을 경험한 사람이면 누구나 할 수 있는 일이고, 누구나 해야 하는 일이다. 흥미롭게도 역사를 살펴보면 전문가 신드롬은 오래된 사고방식이다. 그에 반대했던 사람들은 교회에서 쫓겨났다.

중세 가톨릭교회는 "천국 열쇠"(마 16:19)를 교황만 받았다고 주장했다. 비성경적이었다. 그래서 종교개혁이 일어났다. 개혁을 주장한 이들은 그 자리에서 쫓겨났다. 심지어 처형되기도 했다.

오늘날 전문가 신드롬에 빠진 교회들은 그 천국 열쇠를 전문가들만 받았다고 생각한다. 비성경적이다. 물론 역사는 반복된다. 그들의 의견에 반대하거나 성경대로 하자고 하면 쫓겨날지도 모른다.

행정교구 사고방식

한 지역 또는 한 구획당 하나의 교회만 필요하다는 사고방식이다. 중세적인 사고방식이다. 중세 가톨릭 국가에서 교회는 자발적인 것이 아니었다. 하나의 제도였고, 국가가 운영하는 관료 중심, 건물 중심의 기관이었다.

당시 국가 리더십이 원하는 형태의 단일 교회가 존재했고, 그 과정에 지역별 관리 제도를 만들었다. 그리고 국가는 행정교구 시스템을 창안했다. 제도 자체는 악한 것이 아니다. 출애굽한 백성들에게는 열두 지파가 있었고, 신약교회에도 열두 사도와 일곱 집사가 있었다. 하지만 그들이 행정교구 제도는 아니었다.

이해를 돕기 위해 좀 더 가까운 예를 들면, 산업혁명을 거치면서 행정교구 사고방식은 공장화에도 반영되었다. 공장 라인을 모두 거치고 나면 단 한 종류의 제품만이 존재한다. 그 제품은 매뉴얼화 되어있기 때문에 상호 통용될 수 있는 똑같은 부품들을 아웃소싱을 통해 찍어낸다.

이들은 조금이라도 다르면 안 되므로 각 과정마다 중앙집권적인 관리가 배정된다. 생산뿐만이 아니라 판매에서도 지역별 유통구조와 연결망을 갖게 되었다. 대량생산은 그 과정과 판매 모두 지역별 관리 사고방식을 따르게 되었다.

행정교구적 틀은 공장혁명을 거치면서 똑같은 생산품을 찍어내어 같은 가격에 판매하기 위해 최적화된 시스템을 세상에 퍼뜨렸다. 그런데 이것은 교회와 맞지 않는다. 시대적으로 맞지 않고 성경적으로도 틀리다.

지금은 3차 산업혁명의 시대이다. 곧 4차 산업혁명 시대로 접어들 것이다. 하나의 매뉴얼이 시장을 지배할 수 없는 소위 개성의 시대이다.

"개성만큼의 직업이 존재하는 시대이며 모두가 모두와 연결되는"(클레이 셔키Clay Shirky) 시대이다. "무수한 분량의 개별 소비자 코드를 일일이 읽어내지 못하면 생산자가 망하는"(데이브 그레이Dave Gray) 시대이다. 규격화된 이력서를 통해 사람을 뽑으면 인사 실패가 보장된 시대이다.

오늘날은 더 이상 행정교구 사고방식이 통하지 않는다. 중세로부터 한참 멀어진 시대이고, 이것은 교회와 그 사역에 있어서 비성경적이다. 은사도(고전 12:4), 직분도(고전 12:5), 사역도 하나일 수 없다(고전 12:6). "하나"여야 하는 것은 그리스도뿐이고 나머지는 다 다르다(고전 12:12).

이 다양성을 한 성령 안에서 서로 사랑하는 과정을 통해 다양하게 실천하는 것이 교회이며 교회 사역이다(고전 12:6-12).

행정교구 사고방식은 권한위임을 막는다

제자화 사역은 권한위임을 요구한다. 제자는 또 다른 사람을 제자로 삼아야 하기 때문이다.

또 네가 많은 증인 앞에서 내게 들은 바를

충성된 사람들에게 부탁하라

그들이 또 다른 사람들을 가르칠 수 있으리라

딤후 2:2

예를 들어, 세례와 주일예배 설교를 생각해보라. 마태복음 28장 19,20절에서 예수님이 "제자로 삼아… 세례를 베풀라"고 하신 명령은 담임목사에게만 주신 명령이 아니다. 그러나 행정교구 사고방식은 교회 안에서 리더 목사 한 사람만이 세례를 줘야 한다는 행정 결과를 낳았다. 이는 제자화에 방해가 된다.

전도한 사람이 직접 세례를 주고 말씀으로 양육하는 것이 제자화에서 더 진정성이 있다. 하지만 행정교구 사고방식에 갇혀 있는 한 그런 위임이 일어나지 못한다.

또 예수님은 "내가 너희에게 분부한 모든 것을 가르쳐 지키게 하라"고 명령하신다(마 28:19,20). 이 명령 역시 목사라는 직분을 가진 사람들에게만 주신 것이 아니다. 그러나 행정교구 사고방식은 교회 안에서 목사만 설교해야 한다는 행정 결과를 낳았다. 제자화에 방해된다.

성경을 모든 교회 구성원이 동일 수준에서 나눠 가져야 한다. 직접 성경을 가르쳐야 한다는 위임이 일어날 때 자발적 성경학습과 교수敎授가 진행될 것이다. 그러나 행정교구 사고방식은 성경 강의에 대한 위임을 가로막는다.

행정교구 사고방식은 제자화를 상품처럼 규격화한다

사람은 규격화될 수 없다. 사람 수만큼의 개성이 존재하기 때문이다. 각종 성격 심리검사도 행정교구 사고방식에 영향을 받았다. 지역적 구획화와 광범위한 신도들에 대한 집약적 관리체제는 은사적 다양성이나 특성들을 통제하려는 일처리 방식을 만들었다. 이 중세적 사고방식은 두 차례의 세계대전 시기에 공장형 시스템과 맞물려 교육과 인재 등용에도 그대로 반영되었다.

근대사회는 전쟁 시스템에 최적화된 사회구조가 필요한 시기였다. 국가들마다 사람들의 성격마저 구획화했다. 학문도 그것을 도왔다.

사람은 그렇게 규격화될 수 없다. 제자도 규격화될 수 없다. 각자의 은사, 관계의 연결망, 사용하는 문화 코드가 다르기 때문이다. 그러나 행정교구적 사고는 단 한 종류의 제자만 찍어낼 것을 요구한다. 교실 기반의 각종 제자화 수업, 커리큘럼 중심의 각종 제자화 훈련들에서 그렇다.

제자화는 개별적인 관심과 사랑을 무수한 시간에 담아 삶으로 동행하며 보여주고 섬겨야 하는 '사람'에 관한 것이다. 사도 바울은 디모데에게 "또 네가 많은 증인 앞에서 내게 들은 바를 충성된 사람들에게 부탁하라 그들이 또 다른 사람들을 가르칠 수 있으리라"(딤후 2:2)라고 말했다. 그는 디모데에게 모든 제자화 권한을 위임한다. 여기에 행정교구적 사고는 없다.

중세 가톨릭은 행정교구를 나누어 통제했다. 제도가 교회를 통제했다. 그래서 우리의 선배들이 일어나서 개혁했다. 교회는 예수님의 것이지 국가의 것이 아니기 때문이다. 교회는 국가의 통제 대신 성령님에 의해 통제되는 제자들이어야 했기 때문이다.

이것이 틀리다면 제자화 권한을 계속 리더 몇 사람이 틀어쥐고 있는 현 상태와 제자들을 상품처럼 찍어낼 수 있다는 생각에 대해 침묵하라. 그러나 행정교구 사고방식이 틀렸다면 다른 언행을 보이라.

예수님을 대신해서 교회를 좌지우지 해보고 싶은 사람들에게 행정교구 사고방식은 달콤하다. 이끄는 자와 따르는 자 양측 모두에게 그렇다.

응급처치 접근

이것은 교회 외부로 떠나지 말자는 생각이다. 새로운 제자를 삼는 것보다 교회 안에 있는 죽은 성도 혹은 죽어가는 성도들을 살리는 것이 더 중요하므로 제자화 사역자들의 에너지를 교회 내부로 돌려야 한다는 사고방식이다.

이런 사고방식은 새롭게 제자화를 시작하는 사람들을 가로막아 제자화 대신 교회 내부의 사역들을 하도록 독려한다. 그런데 이것도 맞는 말 아닌가? 교회 안에 들어와 있는 성도든 교회 밖에 있는 사람이든 누구라도 제자화하면 좋은 일 아닌가? 응급처치 접근은 왜 잘못인가? 교회 안에서든 바깥에서든 정말로 제자화를 한다면 문제가 없다. 하지만 응급처치 접근 사고방식은 제자화에 사용되는 에너지를 다른 곳에 사용하도록 교묘히 이끈다. 그곳은 '현상유지'라는 허울뿐인 비성경적 사역이다.

갭 이론

웨이처치의 제임스 목사가 CGN TV에서 '갭 이론'Gap Theory에 대해 말한 적이 있다. 그는 조지 바나 그룹의 통계를 바탕으로 다음과 같은 이론을 펼쳤다. 통계적으로 교회 주일예배에 100명이 참석한다면 그 중 50명이 소그룹에 참여하고, 그 중 10명만이 제자화된다. 하지만 제자화 중심의 교회는 역으로 진행된다.

이 통계가 보여주는 것이 바로 주일예배 참석자 수 성장 곡선과 이후 제자화된 인원수의 성장 곡선 사이의 갭이다. 즉, 교회에 오는 이들의 수에 비해 제자화되는 사람의 숫자가 너무 적다는 것이 갭 이론의 핵심이다.

갭 이론에서 그 10명은 다시 제자화되지 못한 90명의 비헌신자들을 위한 사역에 투입된다. 이때 그 10명의 열정과 에너지는 제자화 사역이 아닌 다른 곳에 분산된다. 제자화되기를 거부하는 90명의 미온적인 종교소비자들을 주일예배라는 헌금 근원지에 계속 담아내기 위해서 쓰인다.

그러면 결국 이 소수의 헌신자들은 회의를 느끼고 교회 시스템에 대한 불만을 갖게 된다. 그러면 교회는 그들을 격려하기 위해 오히려 한 영혼을 돌봐야 하지 않겠냐며 성경을 가지고(예를 들면, 마 18:13) 설득하려 든다. 그러면 재헌신을 하게 되고 처음부터 사이클이 다시 반복된다(기억하라. 마태복음 18장 13절의 '잃어버린 양 한 마리'는 양 우리를 떠나 바깥에 있었다).

결과적으로 시간이 지날수록 이 10명은 하나둘 교회를 떠나게 되고, 교회는 더욱 더 예수께 열정적인 '제자들'이 아닌 예수께 미적지근한 '종교소비자들'로 넘쳐나게 된다.

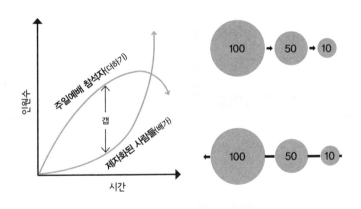

〈갭 이론〉

주일성수의 오용

교회가 제자들 대신 종교소비자들을 원하는 이유는 예수님 때문이 아니다. 아마도 그들이 돈과 명예를 주기 때문인 듯하다. 한자리에 많은 사람이 모이게 되면 메가처치 현상을 추종하는 사회에서는 그 리더십에게 종교적 명예를 안긴다. 또한 많은 사람이 모이면 헌금의 합이 더욱 커진다.

주일성수를 강조하는 것은 교회의 거룩한 전통이다. 하지만 그것을 제자화보다 더 강조하는 것은 전통에 대한 잘못된 해석이다(마 12:8). 주일성수는 응급처치를 위한 수단일 수 없다. 더 많은 사람이 주일예배에 모여야 더 많은 헌금이 모인다. 그래야 더 많은 미적지근한 행사들을 진행할 수 있다(실제로 관계를 통한 제자화에는 천문학적인 액수가 필요하지 않다). 그래야 더 많은 미적지근한 사람들을 모을 수 있다.

이런 상황이라면 갭 이론에서 말하는 헌신적인 10명은 고작 그 미지근한 생산품을 생산, 유지하기 위해 쓰고 버려지는 일종의 교회공장 소모품들로 전락한다.

뜨거운 소수의 개별 제자화 사역에 자유를 달라

응급처치 접근은 갭 이론에서 보여주는 어색한 모습 속에서 소수의 뜨거운 사역자들을 미온적인 사역에 낭비하게 만든다. 실제로 이 강의를 들은 한 목사님이 내게 반문했다.

"제가 리더로서 응급처치 접근을 버린다면 아마 당장 교인의 절반 이상이 주일성수를 안 하게 되지 않을까요?"

나는 대답했다.

"충분히 그럴 수 있지요. 하지만 미지근한 분들이 떠나시면 전체 양은 줄어도 온도는 더 올라가지 않을까요?"

진짜가 남아 진짜를 위한 진짜 사역을 하도록 조직 문화를 바꿔가는 것이 더 효과적이지 않겠는가? 응급처치가 필요한 사람은 당연히 돌봐야 한다. 하지만 응급실이 병원 전체보다 더 커지는 것은 막아야 하지 않겠는가?

응급처치를 위한 새소리

최근 벌어진 실화 하나를 각색해서 소개하며 응급처치 이야기를 마치려고 한다. 최근 한 대형교회에서 4주 시리즈 설교를 했다. 설교 주제는 "한국의 희귀한 새들"이었다. 강대상에 4주간 선 설교자는 유명한 조류학자였다.

그는 매우 신기한 새소리를 매주 새롭게 들려주었다. 그 과정에서 제자화를 원했던 소수의 사람들은 교회 리더십에게서 미적지근한 사람들을 독려하여 새소리를 듣고 헌금을 내게 하라는 요구를 받았다. 새소리 시리즈 설교 후, 그들 대부분이 번아웃 상태에 빠졌다.

사역이 힘들어서라기보다 의미가 없어서였다. 예수님의 말씀을 기대했지만 새소리만 들어야 했고, 그 일에 자신의 시간과 돈과 에너지를 써야 했던 10퍼센트의 평신도 사역자들은 회의감에 빠졌다. 그러나 종교서비스를 바라는 90퍼센트의 성도들은 예배 중에 새소리를 들어서 좋았다.

그들에게 새소리라는 응급처치를 했던 리더들도 그들이 만족 스러워하니 기분이 좋았다. 의미 없는 사역에 회의를 느낀 사람들은 고작 10퍼센트였고, 더 많은 사람들이 불편한 복음 대신 편안한 새소리를 들은 것을 좋아했다. 헌금도 더 많아졌고, 새소리도 더 많아졌다. 좋았다.

"이미 알고 있다"라는 사고방식

이미 예수님에 대해 알고 있다고 생각하는 것도 제자화를 막아선다. 대부분의 성도들이 이미 제자화에 대해 알고 있다는 생각도 마찬가지다. 진짜 그럴까? 진짜 다 알고 있을까?

통계에 의하면 우리나라의 기독교 인구는 860만 명이 조금 넘는다. 편의를 위해 전체 인구를 5천만 명, 기독교 인구를 1천만 명이라고 가정해보자. 그래도 우리나라 인구 4천만 명이 예수님을 모른다.

게다가 갭 이론대로 100명 중 10명 미만 정도만 제자화된다고 생각해보라. 그러면 800만 명에 육박하는 숫자가 아직 제자화되지 않은 채 교회 안에 들어와 있는 셈이 된다. 세상에 나가면 5명 중 4명이 예수님을 모르고, 교회에 들어오면 10명 중 9명이 제자화를 모른다. 그런데도 우리는 왜 이미 알고 있다고 생각할까?

말과 행동이 다르다

전도의 중요성을 이야기하는 교회가 전도하지 않고, 기도의 중요성을 이야기하는 교회가 기도하지 않고, 말씀의 중요성을 이야기하는 교회가 말씀연구를 하지 않는 것처럼, 제자화를 강조하는 교회가 제자화를 하지 않는다. 안다고 생각하니 더 문제다. 모른다는 것을 모르는 것이 가장 큰 문제다.

제자화에 대해 이미 알고 있다는 생각이 왜 문제인가

모르면 배우려고나 할 텐데, 안다고 생각하니 배울 수도 없다. 사람은 듣고 싶은 것을 듣는다. 제자화하기 싫은 사람은 제자화를 하지 않는 상태에 대한 변명을 만들고 합리화한다.

그 중 최고의 변명은 이미 알고 있다는 생각이다. '나는 이미 알고 있어'라는 생각이 "나는 이미 하고 있어"라는 말로 들린다. 합리화다. 제자화에 대해 읽은 책 몇 권과 제자화에 대한 설교 몇 편으로 합리화한다. 그러면 제자화하지 않는 상태에서 발생하는 모든 삐걱거리는 교회 문제들에 무감각해진다.

'나는 제자화를 이미 알고 있으니 제자화가 문제일 리 없어!'

라는 자기 합리화는 자기가 듣고 싶은 것만 듣는 죄성과 만나서 제자화를 제쳐놓고 사역의 문제들을 해결하려고 한다.

제자화하지 않으면 어떤 교회 모임이든 썩는다. 그런데 그 썩어가는 얽힌 상태를 제자화는 배제한 채 풀어보려고 한다. 안다는 생각 때문에. 제자화를 하려면 소수의 사람을 향해 사랑을 시간에 버무려 죽기까지 쏟아부어야 한다. 그러다 겨우 제자가 탄생하면 다 위임하고 떠나야 한다.

예수님과 사도들과 우리의 신앙 선배들이 그랬다. 예수님의 제자화 사역은 성경에 나온다. 성경을 보면 내가 하고 있는 제자화가 예수님의 것과 비교된다. 기준은 분명하다. 예수님이 기준이다. 예수님의 제자를 만드는 것, 성경에 나와 있는 대로 그분을 따라 제자화하는 것이 기준이다. 인간 목자들 간의 상대평가는 없다. 예수님을 중심으로 절대평가뿐이다.

아는 것은 실행을 통해 증명된다. 실행은 아는 것을 반증한다. 진짜 알면 한다. 하지 않는 것은 모른다는 것이다.

반대가 있어도 지속하라

나는 장로교 목사라 성결교 선배들을 잘 몰랐다. 하지만 최근 한 분을 알게 되었다. 남해의 증도에 가족여행을 다녀오면서 순교자 문준경 전도사의 묘비 앞에 서서 한없이 울었다.

한 번에 한 명의 제자를 얻고 키우기 위해 평생을 바치신 분. 중도의 수많은 섬과 마을을 조각배를 타고 자비량으로 찾아다녔던 분. 제자들을 키워 각 섬의 제자화를 위임하고 떠났던 선배. 그리고 그들을 통해 오늘날까지 인근 섬들 대부분의 주민들을 복음화한 자랑스러운 신앙의 유산.

백문일답을 통해 예수 그리스도만이 길이고 진리이고 생명임을 내 뼈에 깊이 새겨주셨던 김준곤 목사님도 문 전도사님에게서 복음을 들었다고 하셨다. 제자의 제자가 또 제자를 낳고, 그 제자가 또 교회가 되는 제자화는 사람을 통해 사람에게, 사랑을 통해 사회에게, 이렇게 오랜 시간 동안 조금씩 진행되었다.

나도 너도 누군가의 제자화의 결과물이다. 멈추면 안 된다. 피가 서리고 땀이 서린 천국 일이다. 포기하면 안 된다. 생명을 버리며 우릴 낳아주신 선배들이 구름같이 허다하다.

힘이 드는가? 세속에서만 아니라 교회에서도 제자화를 반대해서 힘이 드는가? 힘들다고 안 할 것인가? 힘들다고 세속화될 것인가?

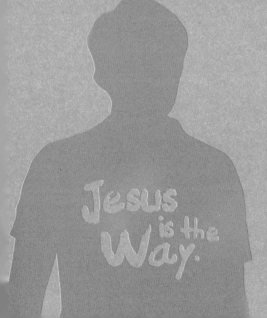

PART 3

교회는 겸손하다

교만은 하나님이 싫어하시는 죄이자 질병이다.
그것은 사탄의 특성이며 전략이다.

겸손은 자기를 낮추지만, 교만은 하나님을 깔본다.
겸손은 자기 명철을 우습게 여기지만,
교만은 하나님의 지혜를 가볍게 여긴다.
겸손은 언제나 듣고 어디서나 배우려 하지만,
교만은 늘 말하고 가르치려 든다.

겸손은 사막과 광야에서도 하나님을 만나게 한다.
그러나 교만은 십자가에 하나님을 못 박으면서도,
자기들이 무슨 일을 하는지 깨닫지 못하게 한다.
겸손은 하나님을 섬기지만, 교만은 자기를 높인다.

겸손은 자기 한계를 인정하는 데서 오는 안식이 있고,
교만은 그것을 인정할 수 없어서 멈춤이 없다.
교만하면 피곤하다. 버림받는다. 망한다.

너희는 사도들과 선지자들의 터 위에 세우심을 입은 자라

그리스도 예수께서 친히 모퉁잇돌이 되셨느니라

그의 안에서 건물마다 서로 연결하여

주 안에서 성전이 되어가고 너희도 성령 안에서

하나님이 거하실 처소가 되기 위하여

그리스도 예수 안에서 함께 지어져 가느니라

엡 2:20-22

우리는 팀이다

일어나

예수님의 명령 따라가기를 진행하면서 우리는 불신자가 많이 모이는 곳으로 나갔다. "사람을 낚는 어부"(마 4:19)가 되게 하신다는 말씀의 실행장소로 우리는 홍대를 선택했다. 사람들은 일반적으로 지하철역 세 군데, 홍대입구역과 합정역과 상수역을 잇는 삼각지형 안쪽을 "홍대"라고 부른다. 그곳에 물고기, 즉 불신자들이 많았다. 사람을 낚는 어부가 되기에 좋은 곳이었다.

당시 웨이처치 모임의 구성원은 모두 20대 초중반이었다. 같은 또래의 불신자들이 가장 많이 모이는 곳이 바로 홍대였다. 그렇다고 곧바로 특별한 전도 사역을 시작한 것은 아니었다. 단지 어떤 일이든 홍대에 가서 했다. 밥 먹고, 운동하고, 차 마시고, 공부하고, 일도 했다. 수많은 식당과 커피숍, 쇼핑몰 내의 휴식처, 거리 구석구석이 모임 장소가 되었다.

당시 홍대에는 길거리 공연 문화가 있었다. 아마추어 음악인들과 예술가들이 버스킹(노래를 부르거나 공연하는 것)을 했다. 오가면서 그들의 공연을 무료로 관람하는 대신에 그들의 다양성을 함께 즐기는 것이 사례謝禮가 되는 문화였다.

늘 홍대에서 모이다 보니 우리도 버스킹을 즐기게 되었다. 그러던 어느 날, 전도 아이디어가 생겼다. 나도 가요 몇 곡은 기타를 치며 부를 수 있었다. 그래서 거리 한편에 앉아 기타를 치며 노래를 불렀다. 김광석의 〈일어나〉를 먼저 불렀는데, 봄볕에 반한 청년들이 꽤 모여들었다.

버스킹에서는 일반적으로 연주자가 공연 중간에 관중에게 말을 건다. 나도 대화를 시도했다.

"이 노래 제목이 뭔 줄 알아요?"

"일어나~."

"누가 불렀는지도 알아요?"

"김광석~!"

"그런데 광석이 형은 우리에게 '일어나'라고 해놓고 자기는 왜 자살했죠?"

몇 초 동안 조용하던 사람들 틈에서 누군가 외쳤다.

"인생이 허무해서요!"

"그럼 어떻게 해야 인생이 허무하지 않을까요?"

여기저기서 농담 반 진담 반의 답들이 들려왔다.

"술!", "연애!", "그냥 허무하게 잘 살면 돼요!"

나는 기타를 잡은 채 대화를 계속 이어갔다. 약 10분 정도 대화하면서 예수님을 전할 수 있었다. 그리고 30분가량 더 노래를 불렀다.

벚꽃엔딩

버스킹 전도는 성공적이었다. 그렇게 여러 사람과 거리에서 오랜 시간을 예수님에 대해 이야기할 수 있음을 발견한 나는 신났다. 곧바로 웨이처치 모임에 알렸다. 그리고 세 명이 함께 거리로 나갔다.

개척 멤버 중에 끼가 넘치는 한 형제가 말했다.

"이왕 버스킹을 할 거면 사람들이 가장 좋아하는 곡을 준비해야죠."

마침 〈벚꽃엔딩〉이라는 곡이 유행이어서 거리에서 처음 만난 사람들과 함께 불렀다.

"봄바람 휘날리며~ 흩날리는 벚꽃 잎이~ 울려 퍼질 이 거리를 둘이 걸어요~."

그 형제는 거리 한복판에서 노래로 하나가 된 수십 명의 청년들에게 에워싸였다. 그리고 대화가 시작되었다. 그는 예수님을 직접적으로 전했다. 버스킹 문화의 특성상 관객들은 자연스럽게 이야기를 끝까지 들었다.

'전도 버스킹' 소식은 SNS를 타고 흘러갔다. 2주쯤 지나자 전도자의 수가 네 배로 늘었다. 웨이처치 멤버들의 친구와 선후배, 가족까지 함께 전도하러 나갔다. 버스킹은 두 시간가량 이어졌고, 우리는 신나게 전도했다.

낙화하던 벚꽃은 다음해에도 그 다음해에도 다시 폈다. 몇 년째 봄만 되면 거리마다 울려 퍼지는 유행가가 하나님이 우리에게 주신 도구가 되었다.

클럽데이

버스킹 전도는 주로 자정쯤 마쳤다. 집으로 돌아가려면 지하철을 타야 했다. 그러다가 흥미로운 사실을 발견했다. 자정에 가까워질수록 더 많은 사람들이 홍대입구역에서 내렸다.

어느 금요일 밤에는 지하철을 탈 수가 없을 정도였다. 전철에서 내린 인파는 역에서 나오지 못하고, 하루를 마무리하는 인파는 역으로 들어가지 못했다. 인파로 형성된 이안류離岸流에 나도 갇혀버렸다. 결국 나는 막차를 놓쳤다.

사람들을 따라가 봤다. 저녁 버스킹이 끝날 무렵에 클럽 문화가 시작되었다. 거리의 가게마다 바깥으로 틀어놓은 음악이 시끄러웠다. 인파를 따라 나도 클럽으로 들어갔다. 말 그대로 발 디딜 틈이 없었다. 누군가 내 손등에 도장을 찍었다. 그것이 무엇이냐고 묻자 "클럽데이를 몰라요?"라고 반문했다. 그것은 모든 클럽에 무료로 들어갈 수 있는 표시라고 했다. 나는 '이 청년들이 언젠가 성령의 도장(고후 1:22)을 다 받았으면…' 싶었다.

막차도 끊긴 시간에 수많은 젊은이들이 술 마시고 춤추는 모습을 보니 가슴에 불이 붙었다. 전도를 하고 싶었지만 클럽 안이 시끄러워서 대화가 안 되었다. 나는 바깥으로 나갔다.

새벽 2시쯤 되자 포차(술집) 앞에 길게 줄이 늘어섰다. 그 줄이 200미터가량 되는 가게도 있었다. 믿을 수 없는 광경이었다. 그 줄에 나도 함께 서봤다. 옆에 있던 청년에게 "이곳이 뭐 하는 곳이냐?"라고 물었다. 들어가서 주문을 하면 아르바이트생이 다른 테이블 손님과 이성간에 짝을 지어준다고 했다.

새벽 3시쯤 되자 거리에는 취해 누워있는 청년들이 생기기 시작했다. 주로 이십대였다. 막 대학에 들어와서 자기 주량을 모르고 마신 모양이었다. 여학생들도 많았다. 뭔가 속에서 뜨거운 게 치밀어 올랐다. 그곳에 예수님이 필요했다.

양화대교

나는 그 다음 클럽데이에 아내와 홍대 주변을 밤새 돌아다녔다. 그리고 새벽이 왔다. 첫차는 5시 30분에 있었고, 양화대교 방향 정류장에는 밤새 놀다 집에 가려는 청년들이 즐비했다. 그들 중 한 명이 유독 내 눈에 띄었다. 어깨부터 손목까지 양팔에 문신이 가득했다. 얼굴은 고등학생인데, 행색은 깡패 같았다. 우리 부부가 그의 양옆에 앉았다. 내가 물었다.

"잘 놀았냐?"

그가 시큰둥하게 나를 한참 쳐다보다가 대답했다.

"뭐, 별로요."

우리는 통성명을 했다. 나는 그를 동수(가명)라고 불렀고, 그는 나를 형이라고 불렀다. 우리는 그의 문신에 대해 한참 대화했다. 그러고 나서 내게도 문신이 하나 있다고 말해주었다. 동수가 보여달랬고, 나는 보여줄 수 없다고 했다. 그러자 그가 말했다.

"아, 왜요?"

"왜냐하면 내 마음에 새겨진 문신이라서 그래."

나는 예수님의 이름이 내 마음에 새겨져 있다고 말해주며 복음을 전했다. 그러나 동수는 잘 알아듣지 못했다. 복음을 다 듣고 나서 그가 뜬금없이 말했다.

"형, 내일이 내 생일이에요."

그는 몇 년 전에 부모님이 이혼하는 바람에 살 집이 없어졌다고 했다. 그 뒤 홍대에서 아르바이트를 하면서 혼자 살고 있고, 곧 입대할 예정이라고 말했다. 그날은 토요일 새벽이었다. 나는 좋은 생각이 떠올랐다.

"형이 생일파티를 해줄까?"

그가 눈을 반짝이며 못 믿겠다는 듯이 되물었다.

"어, 정말요?"

우리는 주일 저녁 5시에 다시 만나기로 하고 헤어졌다. 서로의 SNS 계정을 주고받고, 생일파티를 해준다는 약속의 증거로 함께 찍은 사진을 태그해서 올렸다.

"#예수문신#홍대#내일_저녁_5시"

그대의 생일

당시 웨이처치 주일예배에 열 명쯤 모였다. 내가 모임에서 동수 이야기를 나누자 다들 축하해주고 싶다고 했다. 예배를 마치고 한 시간가량 생일파티에 대해 이야기를 나눴다. 동수에게 깜짝 파티를 해주기 위해 저마다 아이디어를 냈고, 역할을 나누었다.

우리는 약속장소에 미리 나가서 쇼핑을 하러 온 사람들처럼 여기저기 흩어졌다. 그리고 멤버 중 한 사람이 동수에게 다가갔다.

"저, 혹시 동수 씨예요? 죄송하지만 준기 형이 못 나온다고 전해 달랬어요."

동수는 매우 실망한 표정을 지으며 중얼거렸다.

"아, 내가 이럴 줄 알았어."

잠시 후에 내가 생일케이크를 들고 그에게 다가갔고, 다른 웨이처치 멤버들도 합류했다. 우리는 그를 에워싸고 축하해주며 준비한 선물을 주었다. 동수는 문신이 가득한 팔로 눈물을 훔치며 케이크를 먹었다. 그리고 예수님을 영접했다.

개나 소나

우리는 홍대 전도를 계속했다. 다음 금요일 밤에 저마다 막차를 타고 홍대에 도착했다. 그리고 무작정 여기저기 돌아다녔다. 그러다 힘들면 눈에 띄는 상가 노래방에 들어가서 함께 부르짖어 기도하기도 했다.

그러던 중에 블랙가스펠을 좋아하는 한 청년이 함께 노래하며 전도하자고 제안했다. 우리는 그의 지휘에 맞춰 거리에서 노래를 불렀다. 버스킹은 밤에도 사람을 모았다. 그들에게 우리는 또 복음을 전했다.

가끔 상가 업주가 나와서 우리를 쫓아냈다. 그러면 또 다른 곳에서 노래하고, 흩어져 한 사람씩 붙들고 무작정 복음을 전했다. 밤샘전도 소식은 SNS를 타고 퍼졌다. 전도하고 싶은 사람들이 모이기 시작했다. 그 수가 계속 많아졌다. 그러다가 기독교 방송에 전도 장면이 나갔다. 그러자 더 많은 인원이 모였다.

전도방법은 정해지지 않았다. 누군가는 악기를, 누군가는 솜사탕 기계를 끌고 나왔다. 카드를 들고 나와서 전도하거나, 본인이 작곡한 힙합 음악을 통해 전도하는 이도 있었다. 그 밖에 사영리, 팔찌, 주사위, 그림책, 달고나 전도 등 방법은 다양했다. 우리는 먼저 모여서 노래한 후에, 흩어져서 개인 전도를 하는 방식으로 밤새 홍대를 누볐다. 워낙 다양한 사람들이 다양한 방법으로 복음을 전하다 보니 사람들이 우리 모임을 "개나 소나"라고 부르기 시작했다.

예수는 주

'개나 소나 전도팀'은 밤거리의 이목을 끌었다. 새벽 3시에 춤추며 찬양하는 사람들을 만나는 것은 누구에게나 특별한 경험이었다. 불신자들이 자주 와서 질문했다.

"아니, 술도 안 먹었는데 왜 이렇게 기뻐해요?"

술 취한 자와 성령에 취한 자들이 뒤섞여 춤을 추었다. 죄인들과 은혜 받은 죄인들이 어깨동무를 하고 노래를 불렀다. 그러자 상인들에게 문제가 생겼다.

우리는 주로 클럽 거리에서 전도했다. 그런데 클럽 앞에 줄서서 차례를 기다리던 손님들이 자꾸 우리 쪽으로 이동했다. 손님을 빼앗긴다고 여긴 클럽 관계자가 우리에게 다가와서 떠나라고 했다. 우리는 그들에게도 복음을 전했다.

얼마 후, 업주들이 우리를 경찰에 신고했다. 경찰이 출동하기 직전에 클럽에서 거리를 향해 틀어놓았던 시끄러운 음악이 동시에 꺼지는 것을 보고 알았다. 언제부터인가 우리가 나타나면 거리의 음악이 다 멈추면서 경찰이 바로 출동했다. 한 번은 경찰관이 춤판을 저지하며 개나 소나 멤버 중 한 명에게 엄한 목소리로 물었다.

"당신들은 뭐하는 사람들입니까? 여기 대표자가 누구요?"

춤을 추며 찬양을 부르던 그가 서슴없이 대답했다.

"우리의 대표자요? 당연히 예수님이지요!"

질문한 경찰은 어이없다는 듯 또 다른 멤버에게 물었다.

"아니, 이 사람들이 장난하나! 여기 연장자가 누구요?"

또 다른 이도 질문에 망설임 없이 답했다.

"연장자는 당연히 예수님이지요!!"

질문한 경찰은 말로 주의를 준 후에 그 자리를 떠났다. 그 옆에 서 있던 다른 경찰관은 두 번 연속으로 "예수님이 우리의 대표"라고 대답했던 전도자를 글썽이는 눈빛으로 한참 쳐다보다가 떠났다. 아마도 크리스천인 듯했다.

주님의 임재 앞에서

사도 바울은 고린도교회를 이렇게 정의하고 있다.

고린도에 있는 하나님의 교회

곧 그리스도 예수 안에서 거룩하여지고
성도라 부르심을 받은 자들과
또 각처에서 우리의 주 곧 그들과 우리의 주 되신
예수 그리스도의 이름을 부르는 모든 자들에게

고전 1:2

그의 정의에 따르면 교회란 "예수 안에서 거룩하여진" 성도들, 즉 예수님을 믿는 자들이다. 또 "각처에서" 예수님을 주님으로 부르는 모든 자들이다. 다시 말해서 예수님을 따르면 모이나 흩어지나 교회라는 것이다. 내 교회도 네 교회도 함께 예수님의 교회이다.

웨이처치는 이것을 밤거리에서 배웠다. 개나 소나 전도팀을 보며 우리의 담임목사님이 예수님이라는 사실을 깨달았다. 교회의 통일성은 예수님뿐이다. 그 외에는 모든 것이 서로 다르다.

"그가 어떤 사람은 사도로, 어떤 사람은 선지자로, 어떤 사람은 복음 전하는 자로, 어떤 사람은 목사와 교사로" 우리에게 보내주셨다(엡 4:11). 그 다양성 안에서 예수님은 "성도를 온전하게 하여 봉사의 일을 하게 하며 그리스도의 몸을 세우려" 하신다(엡 4:12). 우리는 예수께 복종하는 일치 안에서 서로에게 복종한다(엡 5:21).

주의 영이 계신 곳에는 자유가 있다(고후 3:17). 죄로부터의 속

박뿐만 아니라 건물과 조직의 한계로부터도 우리는 자유롭다. 예수님을 주님으로 모시는 사람들이 서로를 섬기며 자유롭게 교회를 할 수 있다.

교회의 이름은 아무래도 좋다. 고린도에 있어서 고린도교회였으니 홍대에 있을 때는 홍대교회가 되고, 개나 소나 다 모여 전도하면 개나소나교회로 불리면 된다.

교회가 시대초월적일 수 있는 이유는 예수님뿐이다. 그분만이 영원하시고, 그 외에는 다 유한하다. 예수님이 곧 교회이고 교회는 예수님의 것임을 믿으며 그분께 순종하는 사람들이 모이면 사역의 특정 형태나 방법에 초월적인 교회가 가능하다.

만약

만약 우리가 설립 목사 한 명의 은사를 따라가지 않고, 누구든 함께 예수님을 따라간다면, 예수 그리스도를 담임목사님으로 대한다면, 수백만의 성도들이 한 교회에 속해 있으면서도 동시에 다양한 현장 교회에서 사역하도록 허용된다면, 심지어 각 나라와 민족과 지역에 흩어져서 존재하며 서로 다른 교회의 이름을 가져도 같은 교회 소속이라고 주장할 수 있다면 어떨까?

또 우리가 예수님의 말씀을 따라가도록 격려하고 도울 뿐, 서로 통제하지 않고 네트워크 형태로 연합한다면, 교단 중심 연합이 아닌, 예수 중심 연합을 한다면, 건물이나 신학교 이름으로부터 자유롭게 제자화하고 교회를 개척할 수 있다면, 특정 사역방법론에 매료되지 않고 예수께만 빠져서 산다면 어떨까?

그리고 시대를 초월해서 예수님으로 하나가 된다면, 다양한 교회 이름을 가지고 있더라도 서로 누구의 파라고 주장하지 않고, 다만 예수파가 되어 자유롭게 이합집산離合集散이 가능하다면, 모든 성도들이 주일성수가 아닌 월화수목금토주일성수를 한다면, 십일조로 세금과 헌금을 나누지 않고, 십의 십조를 다 주를 위해 쓴다면?

"만약 이런 것들이 얼마든지 가능한 일이라면? 만약 우리가 교회를 잘못 이해하고 있는 것이라면?"

보혜사 곧 아버지께서 내 이름으로 보내실 성령
그가 너희에게 모든 것을 가르치고
내가 너희에게 말한 모든 것을 생각나게 하리라
요 14:26

우리는 성경을 수호한다

분부한 모든 말씀

웨이처치 첫 모임 이후, 우리는 예수님의 명령 따라가기를 지속했다. 1년을 보내면서 우리는 "합당한 자"(마 10:11)를 찾아 모임을 만들었다. 모여서 성령의 충만을 위해 회개하며 함께 기도했고(행 2:38), 말씀을 통해 예수님을 나누었다(마 28:20).

모임을 실행하니 더욱 기도와 말씀에 집중할 수밖에 없었다. 제자화를 위한 성경공부의 자발적 필요성이 모일 때마다 커졌기 때문이다. 더 엄밀히 말하면 예수님의 명령 때문이었다.

> 내가 너희에게 분부한 모든 것을 가르쳐 지키게 하라
>
> 마 28:20

예수님의 명령은 분명했다. 그분은 말씀의 '일부'를 가르쳐 지키게 하라고 하신 적이 없다. "모든 것"을 가르쳐 지키게 하라고

명령하셨다. 그것도 예수님이 분부하신 모든 것을. 우리는 놀라서 서로 물었다. 그 '전부'란 무엇인가?

처음에는 사복음서가 아닐까 생각했다. 예수님의 공생애가 담겨있고, 주님의 직접적인 말씀들이 붉은 색 글씨로 표기되어있으니까. 하지만 아니었다. 그것은 구약과도 깊은 연관이 있었다 (마 5:17). 부활 직후, 예수께서 40일간 제자들과 함께 지내셨던 장면을 생각해보라. 주님은 구약에서 당신을 누구라고 하는지 가르치셨다(눅 24:44-48).

'그렇다면 우리가 가르쳐 지키게 해야 할 예수님 말씀의 모든 것은 사복음서와 구약을 가리키는 것이 아닐까?'

하지만 그것도 아니었다. 사도들이 예수님의 명령을 좇아 구약 전체를 가르쳐 지키게 했던 내용이 신약 전반에 나타나 있다.

오순절 성령강림 직후에 사도들은 설교하러 나갔다(행 2:14). 그들은 구약을 예수님의 관점으로 전했다(행 2:16-21). 사도들뿐만 아니라 성도들도 구약을 '예수님이 누구신가'에 대한 관점으로 성경을 통으로 가르쳤다(행 7:1-53). 게다가 사도들은 입을 모아 "교회는 성경의 터 위에 서 있다"라고 말했다(고전 1:5-9, 엡 2:20).

성경적인 사람

교회가 무엇인지는 모호하지 않다. 성경에 답이 있다. 우리가 성경적인 교회가 되려면 먼저 성경대로 교회를 실행하는 사람이 되어야 한다.

초대교회는 제자들을 교회와 동일시했다(행 8:1,3, 9:2,17-22). 바울도 "교회는 성도들"이라고 정의했고(고전 1:2), 성령의 임재가 있는 사람들을 곧 성전이라고 불렀다(고전 6:19). 이후에도 성경은 "성도들=교회"라고 말한다. 만약 이를 받아들인다면 '성경적인 교회를 이루는 방법은 성경적인 사람에게 있다'라는 논리로 받아들일 수 있다.

성경은 우리가 무엇을 해야 하는지 분명히 말한다. 성경이 있는 한 답이 없는 것이 아니라 답대로 행하지 않는 것이 문제다. 그것은 보류나 시간 벌기가 아니라 불순종일 뿐이다. 답의 존재가 아닌 순종 액션에 의해 성경적인 교회인지 아닌지가 판가름 난다.

성경적인 교회를 세우려면 성경적인 사람이 있어야 한다. 그렇게 되려면 성경대로 행해야 한다. 행함이 없는 성경지식은 불신이다. 불순종자가 말하는 진리는 성경을 복잡하게 보이도록 할 뿐이다. 성경지식은 실천지식이다. 삶에 녹여내지 않는 지식을 들고 말씀을 안다고 선포하는 것은 성도를 미혹하는 것이다.

교회는 모임이다

성경은 교회가 무엇인지 모호하게 다루지 않는다. 구약에 "하나님의 집"이라는 표현이 자주 등장한다(대상 6:48, 시 135:2). 신약은 이 하나님의 집을 세우는 돌들이 바로 '성도들'이라고 말한다(벧전 2:5). 예수님은 그 돌 위에 자신의 집을 세우신다(마 16:18).

신약에서 보여주는 "하나님의 집"은 돌로 쌓은 건물이 아니다. 그것은 예수님이 성도들을 "산 돌"로 사용하셔서 직접 지으신 사람 건물이자, 그들의 삶과 신앙이 서로 어우러진 영적 건물이다. 주님은 교회를 세우기 위해 손수 석재들을 고르신다. 그 재료는 '예수님을 주로 고백하는 성도들'이다. 성경은 그들을 "모임" 즉, "오이코스"οἶκος 라고 부르며, 예수님은 교회를 세우는 행위를 "오이코도메오"οἰκοδομέω 라고 칭하신다(마 16:18).

성경대로 하자면 교회는 '예수님을 따르는 사람들이 모이는 행위를 할 때' 탄생한다.

왜 모여야 하는가

모임에는 목적과 내용이 있다. 교회가 '예수님을 따라가는 사람들의 모임'인 이유는 성경에서 모이라고 했기 때문이다. 예수님은 승천하시기 직전에 예루살렘을 "떠나지 말고" 성령을 "기다리라"고 명령하셨다(행 1:4). 최초의 교회는 그 명령에 근거해서 모임으로 탄생되었다. 그 모임은 목적이 분명했다. "요한은 물로 세례를 베풀었으나 너희는 몇 날이 못되어 성령으로 세례를 받으리라"(행 1:5). 한마디로 '성령 임재'였다.

예수님은 모임의 결과도 알려주셨다. "오직 성령이 너희에게 임하시면 너희가 권능을 받고 예루살렘과 온 유대와 사마리아와 땅 끝까지 이르러 내 증인이 되리라"(행 1:8).

제자들은 성령의 권능으로 모든 곳으로 퍼져나가 예수님의 증인이 되는 삶을 살게 되었다. 그들은 주님의 명령에 순종하여 함께 모여서 성령 임재를 위해 합심기도를 했다(행 1:14). 그러자 예수님의 말씀대로 성령이 임했다(행 2:1-4). 제자들은 곧 권능으로 말씀을 전했으며(행 2:14-40), 세상 도처에서 제자화를 진행했다. 순종하자 말씀이 삶에 나타났다. 그 실체가 바로 '교회'였다.

모여서 무엇을 해야 하는가

실행하자 말씀대로 이루어져 교회가 되었다. 예수님의 명령을 믿고 모여서 기도했더니 약속대로 성령님이 오셨다.

성령님은 오이코스에게 방언을 주셨다(행 2:3). 바벨탑 사건(창 11:7,8) 이후 처음 일어난 언어의 통합과 자유였다. 합심기도는 성령 임재와 동시에 방언으로 이어졌고, 방언은 다시 사도들의 말씀 선포로 이어졌다. 성령님은 예수님이 전해주신 하나님의 말씀을 생각나게 해주셨다(요 14:26). 제자들은 그 말씀을 전파하기 시작했다(마 28:20, 행 2:11,14-41).

이후로도 기도와 말씀은 모임에서 빠지지 않았다. 성령 임재의 약속이 실행된 이후, 제자들은 끊임없이 모였고(행 2:46, 히 10:25), 합심기도와 말씀 전하기를 지속했다. 교회는 모임이었고, 모이면 기도와 말씀이 진행되었다.

성경의 터 위에

성경은 한 권의 책이다. 그 주제는 예수 그리스도이시다. 우리의 스승은 성령님이시다. 성경의 저자이신 성령께서 직접 가르치신다(요 14:26). 성령의 능력으로 사도들과 초대교회 성도들, 그리고 역사 속의 다른 선배들도 성경을 한 권으로 가르쳐 지키게 해왔다. 그들은 창세기부터 요한계시록까지 전부를 전했다.

예수님이 우리에게 "분부한 모든 것"을 가르쳐 지키게 하는 것이 교회의 역할이다(마 28:20). 그 일은 성경의 저자이신 성령님이 우리에게 "생각나게" 하신다(요 14:26). 이것이 그분의 역할이다.

우리 손에는 성경책이 있다. 이것은 66권이거나 27권이거나 혹은 4권으로 다룰 수 없다. 성경은 한 권의 책이다. 우리는 "그리스도의 증거가 너희 중에 견고하게" 되는 일에 힘쓴다(고전 1:6).

매일 성경을 읽고, 묵상하고, 공부하고, 가르치며, 지키게 한다.

일부가 아닌 전부를 전하려면 시간이 오래 걸린다. 12주 혹은 40주 만에 다 끝낼 수 없다. 자신이 먼저 말씀을 먹고, 실행으로 소화하며, 제자에게 전하는 것은 평생 걸린다.

교회를 세우는 것은 당신이 성경적인 사람이 되는 일이다. 설교자에게 성경을 맡겨두기만 해서는 교회를 이룰 수 없다. 성령의 사람은 성경을 읽는다. 자신의 마음에 성경이 이미 들어와 있지 않으면 어떻게 성령께서 생각나게 해주실 수 있겠는가?

성경 전체에서 예수님이 누구신가를 가르치고 지키게 하는 것이 모임의 내용이어야 한다. 우리는 성경을 통으로 배우고 가르치는 사람들이다. 예외나 변명은 있을 수 없다. 우리의 주인 되신 예수님의 명령이기 때문이다.

우리는 공장형 사고방식이나 메가처치 현상과 어울리지 않더라도 말씀대로 한다. 그래야 성경적인 교회가 될 테니.

―――

우리가 교회를 가기만 해서는 세상이 바뀌지 않는다.
우리가 교회로 존재할 때에야 비로소 세상이 변화될 것이다.

마리사 베이커 Marissa Baker

약한 자들에게 내가 약한 자와 같이 된 것은
약한 자들을 얻고자 함이요
내가 여러 사람에게 여러 모습이 된 것은
아무쪼록 몇 사람이라도 구원하고자 함이니

고전 9:22

우리는 기능과 형태를 구별한다

13

자유

세상에는 자유가 없다. 한 번도 없었다. 역사를 살펴보면 자유를 위한 어떤 투쟁도 진정한 자유를 만들어내지 못했다. 오히려 그 싸움의 과정에서조차 자유는 억압되기 일쑤였다. 한 작가는 자유를 위한 역사적 투쟁에서 자유를 얻지 못한 이유를 이렇게 설명했다.

세상이 자유로워졌다 해도 내가 자유로워질지는 분명치 않다. 거대 악으로 여겨지는 외부의 적에 몰두하다 보면 오늘 당장 침해되는 나의 자유는 좋은 세상이 오고 난 뒤로 미뤄진다. 그런 인식이 당연시되면 설혹 좋은 세상이 온다 하더라도 개인의 자유는 보류될 수밖에 없다.

-아거, 《불온한 독서》, 새물결플러스, 2017, 40쪽

인간은 어떤 자유든 그것을 얻게 되더라도 보존하지는 못했다. 한 철학자는 인간이란 '자유를 얻어도 그것을 다시 다른 권력자에게 애써 헌납해버리는 존재'로 묘사했다.

누군가의 자유는 다른 이의 자유에 방해가 되고, 그 과정에서 자신의 자유를 보장받기 위해 누군가의 억압적 권력을 인정해버린다는 것이다(에리히 프롬Erich Fromm, 《자유로부터의 도피》, 휴머니스트, 2012, 145-157쪽).

교회를 살펴봐도 크게 다르지 않다. 그리스도께서 진정한 자유를 주셨음에도(고후 3:17), 우리는 그것을 죄 짓는 데 탕진해버린다(갈 5:1). 자유를 소진해버리는 것은 개인뿐만 아니라 교회도 마찬가지다.

교회는 자주 인간 권력을 그리스도보다 높여왔다. 처음부터 그랬다. 세례 요한의 제자들은 예수님을 시기했고, 자신들의 선생인 요한을 그리스도보다 더 높이고자 했다(요 3:25-30). 고린도교회 성도들은 누가 세례를 주었는가에 따라 사분오열四分五裂하여 싸우며, 자신의 세례자들을 높이고자 했다(고전 1:11-13).

사역의 현장에서도 별반 다르지 않았다. 어떤 이들은 그리스도를 전할 때조차 투기와 분쟁으로 했고(빌 1:15), 그리스도께서 주신 은혜를 자신의 것인 양 자랑했다(고전 4:7). 이들은 예수님에게서 권력을 훔쳐 오려고 했다.

자유의 출처는 그리스도이시다. 그러나 역사는 교회의 시작부터 권력 싸움으로 얼룩졌다. 그리스도께서 주신 자유로 그분을 섬기는 대신에 다른 사람을 높이며 교인들을 낮추어 억압했다. 그런 일은 오늘날도 반복된다.

권력의 탄생

똑같이 예수님을 따르며 그분의 말씀에 순종하더라도 저마다 부르심이 다르다. 에베소서 4장 11절에는 사·선·복·목·교(사도, 선지자, 복음 전하는 자, 목사, 교사)의 다섯 가지 다양한 소명자들이 등장한다. 그들은 서로 누가 높거나 낮지 않다. 모두 소명자들이며 한 몸을 이룬 다양한 지체들이다. 다만 모두의 머리가 같을 뿐이다. 그에 빗대어 예를 들어보겠다.

만약 한 교회에서 '사도'적인 리더가 "교회 개척을 위해 함께 떠나자"라고 제안했다고 가정해보자. 그때 옆에 있던 선지자, 복음 전하는 자, 목사, 교사가 각각 말한다.

선지자:

잠깐만요! 하나님의 음성을 듣고 하시는 말씀입니까? 함께 성경을 읽으며 이것이 하나님의 음성인지 다시 확인해야 합니다. 일단 광야로 나가서 3년 6개월 동안 까마귀가 물어다 주는 음식을 먹으며 부르짖읍시다.

복음 전하는 자:

광야기도를 할 시간이 어디 있습니까? 지금 당장 복음을 들어야 할 영혼들이 가까이에 허다합니다. 어서 전도하러 나갑시다. 잃어버린 영혼들을 향한 하나님의 마음을 어찌 모르십니까? 이 대화를 하는 중에도 3초에 한 명씩 지옥에 떨어지고 있단 말입니다!

목사:

저는 모두의 의견에 반대합니다. 떠나는 것도, 광야기도도, 복음 전하기도 지금은 때가 아닙니다. 하나님의 양떼가 교회에서 여러분들을 기다리고 있기 때문입니다. 그들은 칭의를 받아 성화의 과정에 들어섰는데, 우리가 천국 문 앞까지 잘 인도해줘야 할 것 아닙니까? 상처 받은 성도들이 한둘이 아닙니다. 신앙이 연약한 성도들을 심방하며 말씀으로 더 잘 보살핍시다!

교사:

아, 저는 "떠나자"에 찬성입니다. 듣던 중 반가운 소리입니다. 다만 교회 개척을 하려면 먼저 충분히 알아야 합니다. 조직신학과 성경신학을 통해 교회론을 두루 살펴야 합니다. 그러니 일단 제게 3년만 주십시오. 그러면 교회론의 개요 정도는 미흡하나마 잡아드릴 수 있습니다.

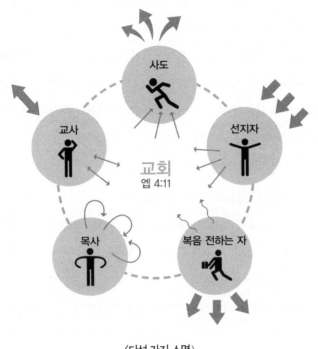

〈다섯 가지 소명〉

사도는 사도의 일을 할 자유가 있고, 선지자는 선지자의 사역을 할 자유가 있다. 모두에게 각자의 고유한 자유가 있다. 그러나 앞의 회의에서 단 하나의 의견만 선택하면 리더십 권력이 탄생한다.

만약 다섯 가지가 아닌 한 가지의 소명만 존재한다면 문제가 없을 것이다. 하지만 위의 다섯 가지 중 어느 하나를 수렴하는 순간, 다른 네 가지는 거절을 당한다. 그러면 교회를 떠나지 않는 한 다른 네 명은 자신에게 걸맞지 않은 일을 해야 한다. 자유의 억압이 다수결을 통해 인정되는 셈이다.

그러면 권력이 생긴다. 만약 사·선·복·목·교 중 "목사"직을 모두 수행하기로 결의했다고 가정해보자. 그 순간 사도는 떠날 수 없고, 선지자는 광야로 들어갈 수 없고, 복음 전하는 자와 교사 또한 자신의 소명을 수행할 자유를 침해 당한다. 목사직을 함께 수행하기로 동의하는 사람들만 남을 것이고, 그 이후에 권력은 남는 사람들의 숫자만큼 주어지게 된다.

따르는 자의 수가 많아질수록 그의 권력도 커진다. 그러면 그를 따르는 자들의 자유가 더욱 보장되고, 그럴수록 다음 결의에서 더 많은 표를 받게 된다. 그러면 다시 권력이 커진다.

목사직이 아닌 다른 누구의 의견에 수렴하든 마찬가지다. 권력의 생성은 자유를 얼마나 보장해주느냐, 혹은 억압할 수 있느냐와 밀접한 관계가 있다. 이런 상황에서 당신이 의장이라면 어떻게 회의를 인도하겠는가?

교회 권력의 거부

누군가의 소명이 다른 제자들의 소명 실행을 억압해서는 안 된다. 그 이유는 예수께 있다. 예수님이 머리이시다. 교회의 권력 구조는 그분께 집중되어야 한다. 사·선·복·목·교, 누구도 다른 누군가를 거쳐 그분께 도달하지 않는다. 소명은 각자에게 있고, 예수님에게서 왔다.

모두의 소명의 출처가 예수님이라면 그것을 실행하는 것과 관련해 누구의 자유도 훼방 받아서는 안 된다. 그리스도께서 주신 자유다. 만약 그 자유를 빼앗길 때가 있다면, 그리스도께 그것을 헌납할 때뿐이어야 한다.

소명 실행의 고유한 자유가 각자에게 있다고 하면 마음이 불편해지는 사람들이 있다. 바로 교회의 권력자들이다. 성경은 교회 권력을 철저히 예수께 집중시키고 있다. 이를 위해 신앙 선배들은 권력이 자신에게 집중되는 것을 심각하게 거절해왔다.

세례 요한은 예수님보다 자신에게 권력을 주려는 제자들의 제안을 거절하며 "나는 그리스도가 아니요… 그는 흥하여야 하겠고 나는 쇠하여야 하리라"(요 3:28,30)라고 선언했다.

사도 바울도 여러 번 권력을 거부했다. 그는 교회 권력이 예수님 외의 다른 이들에게 나뉘는 세태를 지적하며 "그리스도께서 어찌 나뉘었느냐 바울이 너희를 위하여 십자가에 못 박혔으며 바울의 이름으로 너희가 세례를 받았느냐"(고전 1:13)라고 호통을 쳤다. 그는 리더십에게 영광을 돌리거나 경외하지 말고, 다만 사랑 안에서 귀히 여기라고 했다(살전 5:12,13).

카펫파 vs 온돌파

공동체 안에서 함께 예수님을 따르지만 그분을 '어떻게' 따를지 의견이 서로 맞지 않을 때가 많다. 그때 인간 리더십의 권력을 키우는 대신에 예수께 집중할 수 있는 방법이 없을까?

내가 어렸을 때, 교회 바닥의 카펫carpet 색깔은 붉었다. 교회 건물 리모델링을 하면서 실행위원회의 젊은 집사님들이 붉은 카펫 대신 온돌을 깔자는 의견을 냈다. 그러자 장로님 그룹이 거세게 반대했다. 붉은색 카펫이 성경적이라는 이유였다.

온돌파는 붉은 카펫이 성경적인 이유를 물었다. 그러자 카펫파가 "붉은색은 예수님의 보혈을 상징합니다. 저는 젊은 시절에 이 카펫을 깔기 위해 헌금했습니다"라고 말했다.

그것은 성경적이 아니라 경험적이다. 붉은 카펫이 보혈을 상징한다고 보는 것은 멋진 관점이지만 그들은 그것이 논의에서 어떤 위치에 있는지 혼동했다. 다시 말해서 카펫파는 '형태'를 '기능'으로 혼동했다. 슬프게도 의견이 모아지지 않아 이 싸움은 2년 가까이 진행되었다. 그러는 와중에 젊은 그룹은 교회를 떠났고, 선배 그룹은 성경적이라는 오해 가운데 계속 붉은 카펫을 지켜냈다.

지금도 그때를 생각하면 마음이 답답하다. 기능과 형태를 구분하기만 했어도 싸움은 없었을 것이다. 기능이란 변하지 않는 영속적인 영역이며, 성경이 말하는 것이다. 반면 형태는 비영속적이며, 타협이 가능한 영역으로서 문화적이다.

기능이 원리에 관한 것이라면 형태는 방법론에 관한 것이다. 기능은 목적을, 형태는 수단을 말한다. 카펫이나 온돌이나 둘 다 형태에 불과하다. 다만 그것이 예배라는 기능에 도움이 된다면 채택하고, 방해가 된다면 바꾸면 된다. 누구든 자신에게 더 익숙한 형태가 있다. 그러나 어떤 형태든 기능에 위배되거나 방해되면 버리거나 바꿔야 한다.

기능과 형태

기능과 형태를 설명하기 위해 교회 사역을 예로 들어보자. 교회는 전도한다. 이것은 기능이다. 하지만 교회에 따라 전도 타깃과 방법이 다르다. 이것은 형태다. 전도라는 기능은 하나인데, 학교 전도, 거리 전도, 사영리 전도, 팔찌 전도, 커피 전도 등 형태는 다양하다.

휴대폰을 생각해보면 더 쉽다. 삼성폰, 노키아폰, 애플폰 등 다양한 형태가 있다. 어떤 것은 사진이 잘 찍히고, 어떤 것은 인터넷이 잘 연결된다. 각각 강점과 약점이 있다. 형태가 다양하다. 하지만 모두에게 없어서는 안 될 기능이 있다. 그것은 '통화하기'다. 아무리 많은 장점을 갖고 있더라도 통화가 안 된다면 우리는 그것을 휴대폰이라고 부르지 않을 것이다.

교회도 그렇다. 다양한 교단과 사역 형태가 있다. 어느 교회는 복음을 잘 전하고, 어느 교회는 기도를 잘한다. 어느 교단은 학교를 잘 세우고, 어느 교단은 기도원을 잘 세운다. 각자 강점과 약점이 있다. 형태가 다양하다. 하지만 모두에게 없어서는 안 될 하나의 기능은 '예수님을 따라가는 것'이다.

교회가 아무리 훌륭한 사역들을 많이 하더라도 예수님을 그 중심에 모시지 않는다면 우리는 교회라고 부르지 않을 것이다. 예수님이 교회이시고, 교회는 예수님의 것이다. 만약 그분을 따라가지 않는다면 교회라고 부를 수 없다.

신학자 한스 큉은 기능과 형태를 구별해서 설명했다. 그에 의하면 교회의 본질은 교회의 변화상 가운데 다뤄져야 한다. 왜냐면 교회는 역사적으로 다양한 형태의 옷을 갈아입어 왔기 때문이다. 그것은 단순히 교회의 외형적 변화만을 뜻하지 않는다. 시대의 변화에 따라 교회론도 함께 변화할 수 있기 때문이다(한스 큉, 《교회》, 한들, 2007, 3-49쪽).

신학자뿐 아니라 예수님의 제자들도 그랬다. 요한복음 마지막 장에 등장하는 베드로와 요한은 예수님을 따른다는 기능이 같았다. 하지만 어떤 식으로 따를지에 대한 형태는 달랐다(요 21:18-23). 소명이 다르니 형태도 다를 수밖에 없었다. 사도 바울도 기능과 형태를 구별했다. 그는 "사람을 구원"하기 위해(기능) "여러 사람에게 여러 모습으로" 접근(형태)했다(고전 9:22).

기능-형태-자유

카펫 색깔을 결정할 수 있는 사람, 즉 형태를 기능으로 주장할 수 있는 사람은 권력자다. 하지만 다양성을 형태가 아닌 기능의 범주로 혼동하는 권력에는 늘 오류가 생긴다.

같은 논리가 교회 사역의 현장에서 다양하게 펼쳐지고 있다. 누군가에게는 카펫 색깔이 문제였던 것처럼 또 다른 이들에게는 '기도를 크게 소리내어 할 것인가, 작게 할 것인가'나 '세례 때 온몸을 물에 잠기도록 할 것인가, 일부만 담글 것인가'나 '거리 전도를 할 것인가, 관계 전도를 할 것인가'나 '주일예배를 11시에 드릴 것인가, 12시에 드릴 것인가' 등이 문제가 된다.

문제가 되는 부분은 늘 형태와 관련 있다. 이단이 아니고서야 기능의 의견 차이 때문에 싸우는 교회는 없다. 대부분 형태를 기능으로 착각해서 생기는 분쟁이다. 형태에 관한 차이라면 어떤 쪽으로 결정하든 괜찮다. 기능의 자유는 거부해야 하지만 형태의 자유라면 이야기가 달라진다.

기능과 형태를 어떻게 구별할 것인가에 대한 논의는 종교개혁 시기에 가장 치열했다. 가톨릭의 논점은 "교회는 하나다. 그런데 개혁을 한다니 개혁파는 교회 분열자다"라는 것이었다. 반면에 개혁파의 논점은 "교회는 하나가 맞다. 그런데 너희는 교회가 맞는가?"였다.

가톨릭의 논점은 형태의 차이에 대한 것이었고, 개혁자들의 반문은 기능의 부재에 관한 것이었다. 개혁가들은 교회의 기능인 성경 말씀이 가톨릭에 있는지 반문했다. 기능에 있어서 불일치한다면 개혁은 불가피하다는 것이었다.

당시 개혁가들은 어거스틴Augustine을 인용해서 "기능에서의 통일, 형태에서의 자유!"를 주장했다(츠빙글리Zwingli). 이것은 오늘날 흔히 3F로 요약된다. 기능Function, 형태Form, 자유Freedom가 그것이다(오브리 맬퍼스Aubrey Malphurs, 《A New Kind of Church》, Baker Books, 2007, 7-56쪽).

생명의 특징

기능은 바꿀 수도 없고, 바뀌지도 않는다. 그리고 기능에 위배되지 않는 한 형태는 변화무쌍하다. 소나무 잎 두 장만 가져다가 서로 비교해보라. 똑같은 잎이 있는가? 떡갈나무 잎 두 장, 장미 꽃잎 두 장을 비교해보면 어떤가? 완벽히 같은 것은 존재하지 않는다. 그것이 생명의 특징이다.

사람들도 그렇다. 전 세계 74억 인구가 다 다르다. 쌍둥이조차 다르다. 외모뿐만 아니라 성격, 말투, 목소리, 생각하는 방식, 경험 등이 다르다. 생명이라는 '기능'에는 삶의 방식의 다양한 '형태'가 존재할 수밖에 없다. 기능과 형태는 서로 구별되고, 형태는 무한하다. 이것이 생명의 특징이다.

우리의 창조주는 우리를 서로 다르게 지으셨고, 그 안에서 그리스도는 다양한 교회를 인정하신다. 교회의 기능은 변하지 않지만 형태는 바뀐다. 기능이 몸이라면 형태는 옷과 같다. 제때 제 옷을 입어줘야 멋지다. 교회도 그렇다.

교회의 기능은 불변한다. 하나님의 말씀이 없는 곳은 교회로 볼 수 없다. 우리는 모두 예수님을 따른다. 하지만 순종의 방법에는 다양성이 존재한다. 예수의 영이 계신 곳에 자유가 있다. 우리는 저마다의 소명 가운데 자유롭게 주님을 섬기며 공존한다.

형태보다 크신 예수님

예수님과 여행 중일 때 제자들이 풍랑을 만났다. 넘실대는 검은 파도 위에서 정신을 차릴 수 없었다. 그러나 눈앞에 닥친 죽음의 위기 속에서 예수님은 주무시고 계셨다(막 4:35-38).

그들은 예수님을 깨우며 소리쳤다. "우리가 죽게 된 것을 돌보지 아니하시나이까?"(막 4:38) 그러자 예수님이 일어나셨다. 그리고는 바람과 바다에게 명령하셨다. "잠잠하라"(막 4:39). 그러자 폭풍이 멈추고 물결이 잔잔해졌다. 자연도 그분의 말씀에 순종했다. 그제야 예수님은 제자들에게 말씀하셨다. "어찌하여 이렇게 무서워하느냐 너희가 어찌 믿음이 없느냐"(막 4:40).

혼란에 빠졌던 제자들은 예수께 혼났다. 믿음의 문제였다. 풍랑이 무서운 이유는 믿음의 부재 때문이었다. 예수님이 풍랑보다 크시다는 믿음이 없어서였다. 그들은 예수님이 얼마나 크신지 몰랐다. 함께 계신 예수님이 풍랑보다, 검은 물결보다, 심지어 죽음보다 크신 분임을 그들은 믿지 못했다. 잔잔해진 물결을 망연자실 바라보던 제자들이 수군거렸다. "그가 누구이기에 바람과 바다도 순종하는가"(막 4:41).

예수님은 창조주이시다(골 1:17). 어떤 피조물이 그분보다 크겠는가? 하물며 어떤 형태인들 예수님보다 크겠는가? 그분을 따르는 한 다양성은 공존할 수 있다.

예수님의 크심에 대한 믿음이 없다면 사·선·복·목·교는 서로 권력을 차지하기 위해 싸워야 한다. 하지만 예수님을 진정한 권력자로 인정한다면 누구의 사명 실행이든 함께할 수 있다. 예수님이 주신 사·선·복·목·교라고 인정할 때 서로를 위해 복종하며 사역할 수 있다.

떠나자고 한 사도가 예수님을 따르는 것이 확인되면 선지자는 떠남의 실행을 위해 외쳐 기도하고, 복음 전하는 자는 새로운 사역지를 분석하며, 목사는 회중을 설득해서 팀을 꾸리고, 교사는 보조를 맞춰서 지식을 정리할 수 있다.

나는 20세기 사람이다. 모더니즘 사회, 획일화된 틀 안에서 자랐다. 그래서 형태를 기능에 흡수해서 주장하는 사람들의 권력을 인정하는 일에 익숙하다. 하지만 지금 우리는 21세기를 살고 있다. 포스트모더니즘 사회, 획일화된 틀에 화를 내는 사람들이 점점 많아지는 시대에 산다.

상상해보라. 만약 우리가 교회 권력의 기준을 예수 그리스도로 삼아 그분을 따르는 기능으로 하나가 되며, 다양한 소명 형태로 자유롭게 공존하게 된다면 10년 뒤, 20년 뒤에 한국교회에 어떤 일이 벌어질까?

생각의 방식을 바꾸는 일은 절대 선택사항이 아니다.

닐 콜 Neil Cole

길 가실 때에 어떤 사람이 여짜오되 어디로 가시든지
나는 따르리이다 예수께서 이르시되
여우도 굴이 있고 공중의 새도 집이 있으되
인자는 머리 둘 곳이 없도다 하시고

눅 9:57,58

14

우리는 돈을 준비한다

소명의 비용

홍대 거리에서 노래하는 한 청년을 만났다. 그는 6년째 매일 거리로 나와 노래를 부르고 곡을 쓰는 무명가수였다. 안양의 허름한 원룸에 혼자 살면서 홍대를 매일 오간다고 했다.

나는 문득 그가 어떻게 먹고 사는지 궁금했다. 그래서 월세, 휴대폰비, 교통비, 밥값은 어떻게 마련하는지 근심어린 표정으로 물었다. 그러자 그는 자신의 생활비가 나와 무슨 상관이냐는 투로 대답했다.

"내가 하고 싶은 일을 하며 사는데 직장이 없으면 어때요?"

나는 충격을 받았다. 자신이 하고 싶은 일을 하기 위해 스스로 돈을 만드는 것은 상식이다. 나는 그 상식을 잊고 있었다.

또 그는 충무로에 놀고 있는 감독이 3천 명이 넘는데 왜 그런지 아느냐고 물었다. 그들은 다 자신의 길을 걷기 때문이라고 했다. 직장에 들어가면 더 이상 자기가 원하는 일을 할 수 없기에 아르바이트를 하면서 지낸다고 했다.

거리의 예술가들도 자신의 소명대로 살기 위해 가난을 무릅쓴다. 누가 알아주든 그렇지 않든 자신의 길을 간다. 하고 싶은 일을 하며 살고 싶어서 각종 파트타임 일을 닥치는 대로 한다.

'그런데 나는?'

내 소명의 비용은 인생 전부였다. 웨이처치 개척은 그 정도로 중요했다. 가장으로서 아내와 딸의 인생까지 걸 만큼 가치가 있었다.

그 청년의 태도는 내 게으름을 깨뜨렸다. 그래서 나도 먹고 사는 비용을 만들기 시작했다. 웨이처치를 개척하고 3년 동안 사례비 없이 살던 내게 사람들은 어떻게 먹고 사느냐고 자주 물었다(요즘도 물어본다). 그때마다 나는 거리의 예술가들을 떠올렸다.

어떻게 먹고 살아요?

사람의 생각이 서로 비슷한가 보다. 사실 웨이처치를 개척하기 직전에 나도 예수께 같은 질문을 했다.

'개척자는 무엇으로 생활을 영위해야 합니까?'

질문이 끝나자마자 주님이 대답해주셨다.

너희 전대에 금이나 은이나 동을 가지지 말고

여행을 위하여 배낭이나 두 벌 옷이나

신이나 지팡이를 가지지 말라

이는 일꾼이 자기의 먹을 것 받는 것이 마땅함이라

마 10:9,10

기도하는 내게 이 말씀을 떠올려주셨다. 교회를 시작하기 위해 아무것도 가져가지 말라는 말씀이셨다. 어차피 텅 빈 통장이었는데, "전대(통장)"에 아무것도 넣어가지 말라고 하시니 기뻤다. 아무것도 하지 않아도 저절로 순종이 되는 셈이었다.

게다가 "배낭이나 두 벌 옷이나 신이나 지팡이" 등 아무 재산도 가져가지 말라고 하셔서 기쁘게 순종했다. 한국에 돌아오기 전에 아내와 나는 얼마 되지 않는 짐들 대부분을 만나는 사람들에게 나눠주었다. 다만 자동차와 큰 가구는 중고 시장에 팔아서 돌아오는 항공료로 썼다.

이어진 주님의 기도응답은 이랬다.

어떤 성이나 마을에 들어가든지

그 중에 합당한 자를 찾아내어

너희가 떠나기까지 거기서 머물라

마 10:11

우리에게 "어떤 성이나 마을에 들어가든지"는 한국에 들어가는 것이었다. 그리고 "그 중에 합당한 자를 찾아내어… 떠나기까지 거기서 머물라"는 처가에 머무는 것이었다. 장인어른과 장모님만 한 "합당한 자"가 없었기 때문이다. 두 분은 우리의 귀국에 열광하셨고, 거의 모든 필요를 제공해주셨다.

든든한 후원

당시 생활비는 정명호 목사님(내가 청년부 부목사로 사역했던 혜성교회의 담임목사님)이 후원해주셨다. 나는 그분을 "정담목"이라고 불렀다. 그 분은 나를 많이 아끼고 사랑해주셨다. 군림할 수 있는 위치인데도 오히려 내가 진정성 있게 사역할 수 있도록 늘 물심양면으로 후원하셨다.

내 전도사 시절부터 정 목사님은 스승이자 가장 가까운 친구였다. 내 연애의 조언자였고, 결혼식 주례자였으며, 내가 목사가 될 때는 안수자이기도 했다. 내 가장 중요한 시기의 큰 변화들을 가까이에서 이끌어주셨다. 하나님께서 열어주신 관계다.

우리는 사역의 현장에서 이미 교회론에 대해 4년 가까이 대화했다. 그리고 웨이처치 개척 직전에는 8개월에 걸쳐 거의 매일 함께 식사하며 이야기했다. 그리고 교회의 시작과 동시에 그 분은 내 가장 든든한 후원자가 되어주셨다.

만날 때마다 자신의 지갑의 돈을 생활비로 쓰라며 지정헌금으로 내게 주셨다. 한국에 와서도 자주 혜성교회로 불러 설교를 시키고 후원금을 모아주셨다.

또 웨이처치 첫 모임 직전 주일에는 나를 주일 1, 2, 3부 예배 설교자로 초대해주셨다. 그리고 각 예배의 광고시간에 2년 동안 내 생활비와 교회 사역비를 후원해주자고 제안하셨다. 그러면서 오래 생각해왔던 현실적인 후원 방법을 구체적으로 설명하셨다. 그 사랑은 정말 놀랍고 컸다. 목사님 역시 하나님께서 보내주신 "합당한 자"였다.

비용 계산

생활비로 필요한 금액의 삼분의 일이 혜성교회를 통해 채워졌다. 그 나머지 금액이 채워져야 했다. 예수님의 교회를 실행하는 한, 나는 그분께 필요를 받아서 쓰는 것이 당연하다고 생각했다. 그래서 나머지도 채워달라고 기도했다. 주님은 그때도 말씀으로 즉시 응답하셨다.

누구든지 자기 십자가를 지고
나를 따르지 않는 자도 능히 내 제자가 되지 못하리라
눅 14:27

내 기도는 "생활비를 주소서"였고, 그 응답은 "자기 십자가를 지고 따르라"였으니, 그 십자가가 무엇을 의미하는지는 확실했다. 돈을 마련하는 것이 내 십자가였다. 예수님을 따르는 데 필요한 비용을 스스로 마련하라는 응답이었다.

월급이 나오지 않는 일을 하면서도 생활비와 사역비를 이중으로 마련하는 십자가를 지고 가야 했다. 기도 응답이 확실해지자 나는 행동했다.

10년 가까이 신학생이었으니 첫 액션은 '연구'였다. 누군가 성城을 수비하는 중에 망루를 세워야 한다면 그 비용을 세밀히 계산해보고 공사를 시작할 것이다(눅 14:28).

그래서 개척에 필요한 비용을 다른 선배들은 어떻게 구했는지 연구했다. 책에는 항상 길이 있었다. 내가 했던 모든 질문은 누군가가 이미 했던 것이었다. 기라성 같은 선배들이 피땀 어린 실행을 통해 최적의 답을 내어 직접 기록해두었다.

교회 개척의 역사가 수천 년이다. 책에 다 나온다. 그들이 바다라면 웨이처치 개척은 약수터의 물 한 줌에 지나지 않는다. 수많은 사역자들이 이미 먹고 살아왔고, 그들의 질문과 명답은 이미 책에 있었다.

그들 중에서도 나와 동시대를 살아가는 개척가들의 책이 더 눈에 띄었다. 특히 에드 스테처Ed Stetzer, 오브리 맬퍼스Aubrey Malphurs, 프랜시스 레드포드Francis Jackson Redford, 밥 로버츠Bob

Roberts Jr., 더글러스 크럼블리Douglas Crumbly, 앨런 허쉬Alan Hirsch, 데이브 얼리Dave Earley, 닐 콜Neil Cole, 제프 아이오그Jeff Iorg, 톰스 라이너Thoms Rainer는 책을 통해 내 멘토가 되어주었다(나는 이들에게 지혜의 빚을 크게 지고 있다).

생활비 마련

다음은 그들이 돈을 마련한 일곱 가지 방법이다.

첫 번째는 교파의 지원이다. 교회마다 소속 교단이 있다. 교단이란 장로교, 침례교, 감리교, 성결교, 순복음… 을 말한다. 교단별로 미자립교회 후원비, 교회 개척 지원비 같은 예산이 있다. 그것은 주로 노회를 통해 전달되며, 선배 목사님들과 관계와 보증으로 지원이 이뤄진다.

두 번째는 모교회의 지원이다. 이 부분은 주로 한 지역교회에서 캠퍼스 교회를 추가로 개척할 때 이뤄진다. 그리고 흔하지는 않지만 모교회에서 인턴십 제도를 운영하여 목회자 후보생을 개척자로 키워서 내보낼 때도 후원이 이뤄진다.

세 번째는 협력 지원이다. 교단 개념이 아닌 네트워크 관계에서의 개척 지원 방법이다. 같은 교회론을 가지고 교회 개척을 통해 복음 전파 사역을 하고자 하는 교회들이 십시일반 돈을 모아둔다. 여러 개척교회들이 또 하나의 교회를 시작하기 위해 계^契를 들어 때에 맞게 나눠주는 방법이다.

네 번째는 선교 후원자 모집이다. 청년들이 해외 단기선교를 가는 항공료를 모금하기 위해 선교편지나 기도편지를 써서 지인들에게 나눠주고 모금하는 것과 같은 방법이다. 이때 주로 교회 개척 제안서를 마련해서 사람들을 찾아다니며 개척자가 프레젠테이션을 한다. 그 제안서는 목적이 무엇인지, 대상은 누군지, 어떤 개척모델인지, 누가 그 일을 하는지, 언제 어떻게 시작하는지, 재정 확보 전략은 무엇인지를 쓴다(부록 참조).

다섯 번째는 모금이다. 이는 선교 후원자 모집과 비슷하다. 하지만 보다 일시적인 일을 위한 것이다. 예를 들면 "교회를 시작하려는데, 2만 원짜리 접이식 의자 100개가 필요합니다. 그래서 200만 원을 모금하고 있습니다"라는 식이다.

여섯 번째는 다양한 지원을 받는 것이다. 앞의 다섯 가지 방법을 모두 사용한다. 어느 한 가지 방법을 통해 모든 필요를 채울 수 없을 때는 모든 지원을 다 받아야 한다.

나는 위의 모든 방법을 사용해서 생활비와 사역비를 마련한다. 장로교 교단 지원, 혜성교회의 지원, 웨이 네트워크를 통한 협력 지원, 후원자 그룹 모집하기, 일시적인 필요들에 대한 모금 등을 필요에 따라 쓴다.

마지막 일곱 번째는 "두 직업 목회자 되기"이다. 흔히들 "바이보케이셔널"Bi-Vocational이라고 부르는 모델이다.

두 직업 모델

총신대학원의 양현표 교수는 최근 연구에서 두 직업 목회자의 필요성에 대해 말했다.

전통적으로 교회 개척자는 하나님만을 의존해야 하며 목회자가 세속적인 일을 해서는 안 된다는 의견이 지배적이었다. 하지만 오늘날의 교회 개척은 지금까지의 까마귀 의존 교회 개척에서 두 직업 목사 교회 개척으로의 패러다임 전환이 필요하다.

-양현표, 〈한국교회 현실과 교회 개척 패러다임의 전환〉, 복음과 실천신학,

No.40, 2016, 148쪽

두 직업 목회에 대한 현실적 논의는 30여 년 전에 시작되었다. 그 예로 뉴호프처치를 들 수 있다. 1991년에 러스티 코람Rusty Coram 목사와 모든 개척 리더들은 일하면서 자비량으로 교회 개척을 했다. 그러면서도 교회를 성공적으로 시작했고, 그것은 오늘날 두 직업 목회에서 주목하는 사역철학이 되었다.

모든 교회 개척에는 돈이 든다. 건물이 없더라도 돈이 든다. 전도 후에 편지 한 통을 보내더라도 우표 값이 든다. 이메일로 보내도 와이파이는 써야 하고, 휴대폰비를 내야 한다. 모임의 인원이 많아질수록 비용도 커진다. 정기적으로 임대비를 지급하며 빌리는 장소가 없더라도 커피나 점심 값이 든다. 심지어 성경책

한 권을 새로 사려고 해도 몇 만 원이 필요하다.

하지만 이 재정을 마련하기 위해 어떤 개척자가 일주일에 7일, 80시간을 일한다면 '언제 교회 개척에 신경을 쓸 수 있을까?' 하는 의문이 제기된다.

이것은 일과 사역을 따로 진행해야만 한다는 이분법적 사고방식에서 나온다. 예수님은 장소나 상황의 한계에 제한받을 정도로 작은 분이 아니시다. 오히려 그분이 함께 계시기만 하면 세상 어느 곳에서든 교회를 시작할 수 있다.

두 직업 목회자는 일과 사역을 따로 진행하는 사람이 아니다. 자신의 소명을 따라, 사역 타깃으로 삼은 사람들이 있는 곳에서 돈을 버는 사람들이다.

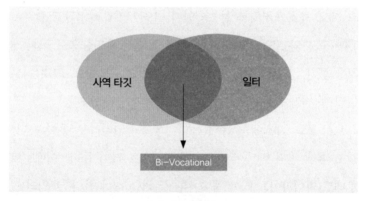

〈두 직업 목회자〉

두 직업 모델을 실행하기 위해서는 돈만 벌어서도, 사역만 해서도 안 된다. 일터와 사역이 공존하는 곳에서 두 직업 모델이 탄생한다. 예를 들면, 노인 사역에 소명이 있는 목사가 호스피스 병동에서 주중에 일하거나, 어떤 농촌 선교사가 유기농 농산품을 지역 주민들과 함께 경작해서 도시로 가져다 팔거나, 청소년에게 복음을 전하고 싶은 사역자가 교육 사업을 진행하는 식이다.

두 직업 목회자에 대한 네 가지 오해

전통적으로 두 직업 목회자에 대한 네 가지 오해가 있다.

첫째, 만약 그의 믿음만 충분하다면 직접 돈을 마련하지 않아도 하나님이 채워주신다는 오해다. 하지만 바울의 텐트 메이킹 tent making 사역을 보라. 그는 사역 타깃이었던 브리스길라와 아굴라 부부의 직업에 함께했다(행 18:1-3). 돈을 버느냐 벌지 않느냐는 문제의 핵심을 비켜간다. 그보다 더 중요한 것은 그 이유와 목적이다. 교회 사역에 더 효과적이라면 그 일을 하는 것이 더 성경적이다(살후 3:8,9).

둘째, 설교 능력과 관련된 오해도 있다. 만약 어떤 목사가 훌륭한 설교자가 된다면 그에게 월급을 주는 교회를 만들 수 있을 것이라는 오해다. 하지만 두 직업 목회자는 세련된 설교 한 편을 쓰는 것보다는 잃어버린 영혼들 자체에 더 관심이 있다. 그는 '만약 내가 두 직업 모델을 받아들인다면, 적은 숫자의 영혼들을 대상으로도 충분히 목회할 수 있다'라고 생각한다.

셋째, 성도의 숫자가 적으면 목회에 실패한 것이라는 오해다. 하지만 두 직업 목회자는 한 번에 한 영혼을 변화시킬 수 있다면 어떤 희생도 감수하겠다는 열정을 가지고 있다.

넷째, 헌금이 적은 교회는 진짜 교회가 아니라는 오해다. 많은 사람들이 두 직업 목회자가 한 손에 꼽을 정도의 성도들을 데리고 사역하는 모습을 보며 돈 걱정을 해준다. 돈이 적으면 건물을 렌트할 수 없고, 임대차 계약서상의 주소지가 없으면 대부분의 교단에서 정식 교회로 받아주지 않기 때문이다.

그러나 정작 두 직업 목회자는 전혀 다른 가치 우선순위를 가지고 사역한다. 그들은 일대일로 심방하며 성경을 가르쳐 지키게 하는 일에 집중하느라 헌금 액수나 교단 등록은 거의 신경 쓰지 못한다.

두 직업 목회자들은 '더 큰 교회가 더 나은 교회'라고 생각하지 않는다. 그들은 두세 사람이 모인 곳에 예수님이 함께하신다고 철석같이 믿는다(마 18:20). 그들은 풀타임 월급을 못 받고 아주 적은 급여를 받더라도 개척을 할 수 있는 것에 기뻐한다.

또한 그들은 교회 건물 안에서뿐만 아니라 일터에서도 복음을 전하고 교회를 하려는 목표를 가지고 있다. 교회가 사역자들에게 주는 월급보다 더 많은 돈을 사역 비용으로 직접 사용하길 원한다. 그들은 교회를 세우기 정말 어려운 지역에서도 교회를 시작하는 탁월한 개척자들이다. 그들의 사역 범주는 단순히 커피숍 하나, 일당 노동 현장 한 군데에 국한되지 않는다. 그들 대부분은 교회를 진행하는 과정에서 국제적인 비즈니스 수단을 계발하고자 도전하기도 한다.

내가 두 직업 목회자들을 응원하는 가장 큰 이유는 무엇보다도 그들의 가정 사역에 있다.

"내가 의도적으로 두 직업 개척자가 되려는 이유 중 하나는 내 손으로 번 돈으로 내 가족을 먹이고 싶기 때문입니다."

———

우리는 하나님 사역의 주체가 되기보다는
하나님 사역의 도구가 되기를 원한다.

김병삼 목사

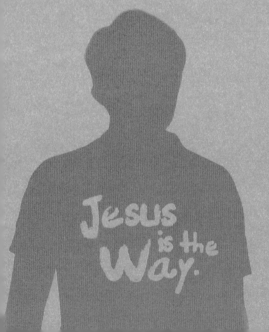

PART 4

교회는 담대하다

예수님을 따라가는 사람들은

성경을 통해 끝을 알고 사는 이들이다(전 12:13).

그들은 교회는 세상의 종말을 안다.

끝의 끝을 알고 사는 사람들이다(행 1:11).

예수님이 세상의 끝에서 교회를 기다리신다(눅 18:8).

심지어 죽음은 그들 앞에 있지 않고, 뒤에 있다.

그들은 죄에 대해 이미 죽고, 의에 대해 살았다(롬 6:2-4).

무시무시한 사람들이다.

이미 죽어, 더 잃을 것이 없고,

그리스도의 능력으로 다시 살아, 두려운 것이 없는 사람들이다(고후 13:4).

죽음으로도 삶으로도 공략해볼 수 없는 초월자들이다.

죽어도 살고, 살아서는 예수로 죽는 사람들의 모임이다.

교회이다. 교회는 담대하다.

재림의 심판자이자 세상의 종결자가 그들과 함께 계신다.

크게 외치라 목소리를 아끼지 말라
네 목소리를 나팔같이 높여
내 백성에게 그들의 허물을,
야곱의 집에 그들의 죄를 알리라

사 58:1

메신저가 아니라 메시지다

15

자뭘텐

예수님의 명령 따라가기를 진행하자 여기저기서 모임이 시작되었다. 저마다 자신의 합당한 자를 찾아 모임을 만들고, 함께 시간을 보냈다. 그들 중 하나가 '자뭘텐' 모임이었다.

대학 4학년이 된 성민 형제는 캠퍼스에서 인기가 많았다. 그의 밝고 외향적인 성격과 후배들을 아끼는 행동 때문이었다. 그러나 정작 본인은 졸업 후의 진로에 대한 고민이 컸다.

그는 내게 합당한 자였다. 웨이처치 개척 첫 2년 동안 나는 일주일에 세 번 정도 그를 만났다. 함께 기도하고 성경을 공부하며 진로에 대해 말했다. 그동안 그는 자기계발 서적을 많이 읽었다. 마침 그가 만났던 예수님의 명령은 황금률에 대한 것이었다.

그러므로 무엇이든지
남에게 대접을 받고자 하는 대로 너희도 남을 대접하라

이것이 율법이요 선지자니라

마 7:12

그 말씀에 순종하려고 마음먹자 후배들이 떠올랐다. 대학을 졸업하면 세상에 나가서 어떻게 살아야 할지 염려하는 학생은 그 혼자가 아니었다. 그는 예수님의 명령에 순종해서 자기가 받고 싶은 것을 후배들에게 주기로 결심했다.

그러고는 '자뭘텐'(자네, 뭘 먹고 살 텐가?)이라는 제목의 10주짜리 커리큘럼을 만들었다. 매회 2시간 동안 미리 정해진 책들을 읽어오면 누군가 요약, 발표하고 토의 후에 그가 말씀과 기도로 마무리했다. 그는 예수님의 명령을 따라가며 배웠던 대로 실행했다. 이 모임이 진행되면서 그의 친구와 후배들 여덟 명이 매주 모였고, 10주가 지나면서 그들 중 세 명이 웨이처치 성도가 되었다.

말씀 그 자체

성민 형제는 진로 상담 전문가나 세상에서 성공한 선배가 아니었다. 같은 고민을 가진 친한 형이자 오빠였다. 그럼에도 그가 모임을 만들어서 진행할 수 있었던 이유는 말씀 때문이었다. 지혜와 능력의 원천이 본인에게 있지 않았다. 성경에 있었기에 그는 담대할 수 있었다.

자뭘텐 모임에서 탄생한 4인조 그룹은 거기서 멈추지 않고, 토요일마다 복음으로 홍대를 쓸고 다녔다. 그들은 또 '밑끝도'(밑도 끝도 없이 전도) 모임을 만들었다. 매주 토요일 저녁에 홍대입구역 8번 출구에서 모여 무작정 전도했다.

시간을 정해놓고, 거리를 다니며 만나는 모든 사람에게 예수님을 전했다. 복음을 에둘러 말하거나 관계를 쌓고 나서 전하는 것이 아니라 직접적이고 즉흥적으로 전했다. 그들은 담대했다. 거절당할 것에 대한 두려움은 없었다. 말씀 때문이었다.

나를 보내신 아버지께서 이끌지 아니하시면
아무도 내게 올 수 없으니

요 6:44

눈만 마주치면 닥치는 대로 예수님을 믿느냐고 물었고, 그분이 누구신지를 전했다. 밑도 끝도 없이 무작정 전도하는 그들은 웨이처치를 전도부대로 바꾸었다.

성경 전달자들이 담대할 수 있는 이유는 본인들에게 있지 않고 말씀에 있다. 성경이 창조주의 말씀인 것을 믿는 한 그 전달자는 담대하다. 내 것이 아니라 하나님의 것을 단지 옮겨놓을 뿐이라서 어렵지도 않다. 알면 아는 대로, 모르면 모르는 대로 이미 기록된 말씀에 쓰인 대로 행하고 전한다(사 58:1).

전도에 실패란 없다

전도를 두려워하는 주된 이유는 실패감 때문이다. 우리는 흔히 전도 후에 거절당하면 실패했다고 오해한다. 하지만 하나님의 말씀을 전하는 일에 실패는 없다.

사도 바울은 "나는 심었고 아볼로는 물을 주었으되 오직 하나님께서 자라나게 하셨나니"라고 말했다(고전 3:6). 전하는 것이 제자의 임무이고, 그 결과는 하나님이 책임지신다는 것이 성경의 증언이다.

복음을 전하다 보면 가끔 그것을 자기 것으로 착각할 때가 있다. 하지만 복음은 전달자 자신의 생각이 아니다. 전도자 역시 복음의 수혜자에 지나지 않는다. 받은 것이라 자기 것처럼 자랑할 수도 없다(고전 4:7).

복음은 하나님이 주신 선물이다. 우리는 받은 것을 다시 전달할 뿐이다. 우체부를 생각해보라. 그는 자신이 쓰지 않은 편지를 봉투에 적힌 주소지에 전달하는 임무를 가지고 있다. 만약 수신자가 그 편지를 받지 않겠다고 하더라도 우체부의 책임이 아니다. 그는 잘 전달하기만 하면 된다. 전달자의 책임은 전달하는 것에 있다. 그것을 받아들이는 결정은 수신자의 몫이다.

영적 우체부 중 하나였던 설교자 존 웨슬리John Wesley는 복음 전달에 대해 "복음 설교의 결과, 청중들은 화를 내거나 회심하거나 둘 중 하나를 하게 된다"라고 말했다.

전달자는 열매에 관여치 않는다. 다만 사랑해서 전한다. 성경대로다. 예수님을 사랑하면 그분의 명령을 따른다(요 14:21). 그분께 붙어있을 때 열매는 저절로 맺힌다(요 15:5). 주님을 사랑하고 그분의 말씀에 사로잡히면 된다. 예수님을 사랑하면 이미 성공이다.

전도를 하지 않는 것은

"가만히 있으면 중간이라도 간다"라는 속담이 있다. 하지만 전도에서 그것은 거짓이다. 가만히 있으면 중간이 아니라 반대자 혹은 헤치는 자가 된다. 예수님이 말씀하셨다.

나와 함께 아니하는 자는 나를 반대하는 자요
나와 함께 모으지 아니하는 자는 헤치는 자니라
마 12:30

전하지 않고 가만히 있으면 아무 일도 일어나지 않는다. 대부분의 크리스천은 누군가에게 복음을 직접 전해 듣고 신앙생활을 시작했다.

윌리엄 페이William Fay의 《Share Jesus Without Fear(두려움 없이 전하라)》를 보면 흥미로운 통계가 나온다. 기독교인의 75-90퍼센트가 일대일 전도를 통해 복음을 접하고 신앙생활을 시작했다고 한다. 새생명축제 같은 교회 전도행사를 통해 복음을 영접한 경우는 17퍼센트뿐이다. 우리가 복음을 전하지 않으면 불신자들은 예수님을 만날 수 없다. 바울이 이를 잘 지적하고 있다.

그런즉 그들이 믿지 아니하는 이를 어찌 부르리요
들지도 못한 이를 어찌 믿으리요
전파하는 자가 없이 어찌 들으리요
보내심을 받지 아니하였으면 어찌 전파하리요
기록된 바 아름답도다 좋은 소식을 전하는 자들의 발이여
함과 같으니라

롬 10:14,15

복음 전파의 네 가지 내용

복음 메시지가 그 전달자보다 더 크고 높다. 그래서 전달자는 메시지를 바꿀 수 없다. 오히려 메시지가 전달자를 바꿀 수 있다. 예를 들어, 어떤 우체부가 전달해야 할 편지를 자기 맘대로 뜯어서 내용을 바꿔 전달하면 직장을 잃을 것이다.

마찬가지로 우리가 복음 메시지를 전하지 않거나 누락하거나 바꾸어서 전달하면 메시지가 아니라 메신저가 바뀌게 될 것이다.

복음을 전할 때 바꾸거나 누락할 수 없는 메시지의 네 가지 핵심 요소가 있다.

첫 번째는 죄를 알리는 것이다. 하나님은 "내 백성에게 그들의 허물을, 야곱의 집에 그들의 죄를 알리라"(사 58:1)라고 명령하셨다. 예수님의 첫 복음 메시지는 "회개하라"였고, 제자들도 같은 말씀을 전했다(마 4:17, 막 6:12). 우리도 복음을 전할 때, 죄를 지적하는 것을 잊지 않는다.

두 번째는 복음 즉, 예수님을 전하는 것이다. 우리 모두가 죄인이며, 그 결과는 사망이다(롬 3:23, 약 1:15). 그러나 하나님이 우리를 망하도록 버려두지 않으셨다. 그분의 독생자 예수 그리스도를 보내서서 죄의 값을 대신 치르게 하셨다(롬 5:8).

세 번째는 초대하는 것이다. 예수님이 구원자이심을 믿으라고, 그래서 구원을 받으라고 초대하는 것이다(요 3:16). 함께 신앙생활을 하자며 교회로 인도하는 것도 일종의 초대이다.

네 번째는 결과를 알리는 것이다. 복음 메시지를 전하는 일을 마치면 전달자의 책임은 끝난다. 하지만 들은 사람은 복음을 받아들일 것인지 말 것인지를 스스로 결정해야 한다.

만약 상대방이 복음을 받아들이기로 결정했다면 그 이후에 어떤 일이 일어나는지, 믿음의 결과를 알려줘야 한다. 자기를 부인하며 십자가를 지고 예수님을 따라야 한다고 알려주고 (눅 14:27,28), 어떻게 신앙생활을 해야 하는지도 알려줘야 한다.

웨이처치 이태원

성민 형제의 자뮐텐 모임을 통해 탄생된 네 명의 제자들은 '밑끝도'가 되었다. 닥치는 대로, 밑도 끝도 없이 전도해대던 그들은 잃어버린 영혼들을 좇아 이태원으로 넘어갔다. 홍대의 버스킹 문화가 주변 상권에 의해 타격을 받던 시기였다.

홍대로 사람들이 몰리면서 월세가 계속 올랐다. 치솟는 월세는 점주들의 생활고로 이어졌고, 거리의 가수들은 고래 싸움에 새우등 터지는 꼴이 되었다. 노래가 시작되면 근처 가게의 사장이 나와서 쫓아내곤 했다.

거리의 젊은이들이 하나둘 홍대를 떠나 이태원으로 갔다. 특히 경리단길, 그 좁은 골목 하나를 오가며 자유를 즐겼다. 밑끝도 모임은 전도현장에서 사람들의 이동을 보았다. 물길이 바뀌자 낚시꾼들도 고기떼를 따라 배를 옮겼다. 그리고 이태원 전도가 시작되었다.

밑끝도는 거리마다 복음을 전하고 다니다가 밤 9시 이후부터 시작되는 홍등가를 발견했다. 골목 하나가 이 끝에서 저 끝까지 어둡고 더러웠다. 그곳에 게이바와 윤락여성들의 손짓이 즐비했다. 밑끝도는 빛이 필요한 곳을 발견했다며 그곳에 복음을 들고 뛰어들었다. 그리고 1년이 지났다.

전도의 현장에서 울고 웃는 동안, 밑끝도 모임은 어느새 열 명으로 늘었다. 더 많은 시간을 이태원에서 보내기 위해 또 하나의 형태를 준비했다. 그것이 '이태원교회'였다.

웨이처치가 하나 더 개척되었다. 팀원 중 한 사람은 신학대학원에 진학해서 교회의 행정 대표가 되었다. 팀원들은 1년 넘게 함께 기도하고 말씀 보며 전도했던 전우들이었다. 성장을 거듭해왔던 밑끝도는 모두의 응원과 사랑 가운데 파송 받았다.

이태원교회가 시작되던 날, 우리는 한자리에 모여 서로 포옹했다. 밑끝도가 전도하러 다닐 때부터 봐두었던 이태원의 한 건물 옥상이었다. 의자가 많지 않아 모두 앉지는 못했다. 마이크 시스템이 없어 사회자의 목소리가 잘 들리지도 않았다. 하지만 우리는 가장 뜨거운 성도의 교제를 나눴다.

이태원 골목들을 내려다보며 서서 찬양하고 무릎 꿇고 기도했다. 또 함께 음식을 나눠 먹으며 교회의 비전 설명을 듣고 서로 격려했다. 해가 지자 기도가 또 시작되었다. 달이 뜨자 성도의 교제가 더 깊어졌다. 여름이 한창이었고, 옥상 열기는 늦은 밤까지 식지 않았다.

사도와 함께 모이사 그들에게 분부하여 이르시되
예루살렘을 떠나지 말고 내게서 들은 바
아버지께서 약속하신 것을 기다리라

행 1:4

16

객체가 아니라 공동체다

모임들

예수님의 명령을 따라가며, 제자들의 모임을 교회로 규정하자 사람들이 점점 많아졌다. 자뭘텐 모임이 밑끝도로, 밑끝도가 다시 이태원교회로 성장했듯이 다른 모임들도 계속 자랐다. 여기저기에서 모임들이 생겼다.

WWL 독서 모임, 주일예배 모임, 개나 소나 전도 모임, 더 나인 북한 선교 모임, 쉐마나라 월요기도 모임, 검암동 어린이 모임, 검암동 엄마들 모임, 성경통독 토요 모임, 직장인 모임, CPC 교회 개척 모임, 문학소녀클럽 모임, 연남동 다리아래 모임, 수요기도 모임, 합정역 6번 출구 모임, 아웃도어 처치 등.

다들 제자화를 진행하는 과정에서 탄생되었고, 저마다의 소명과 타깃에 따라 다양한 형태를 띠었다. 전체 모임은 주일에만 하고 그 이외에는 각자의 모임에서 제자화를 진행했다.

웨이처치는 중앙 집권적인 연중행사나 프로그램, 획일적인 교육 시스템이 없었다. 다만 방향이 있었다. "예수님을 따라가며 합당한 자를 만나거든 함께 시간을 많이 보내기"가 그것이었다. 그들 중에서도 '검암동 어린이 모임'이 제자화가 가장 활발히 이뤄졌다.

검암동 어린이 모임

모임은 늘 삶의 현장에서 한두 명과 함께 시작되었다. 검암동에서도 그랬다. 처가에서 홍대까지는 두 시간 가까이 걸렸다. 매일 다니기에는 너무 멀었다. 아내와 나는 새로운 거처를 위해 기도했다.

그러던 중 인천 검암동을 발견했다. 그곳은 홍대까지 지하철로 30분도 채 걸리지 않았다. 게다가 집값도 서울에 비해 훨씬 저렴했다. 미국에서 돌아온 후, 우리 가족은 대기오염 때문에 심한 기침과 늘 싸웠는데 그곳은 공기도 깨끗했다. 우리는 웨이처치 개척 반년 만에 검암동으로 거처를 옮겼다.

딸 예진이가 여섯 살이었다. 매일 아침 9시 15분에 유치원 버스가 집 앞에 왔다. 같은 시간, 같은 곳에서 버스를 타는 아이가 두 명 더 있었다. 아내는 그 두 엄마들과 곧 친구가 되었다. 티타임도 갖고 함께 밥도 먹으면서 금세 친해졌다.

자녀라는 공통 관심사로 금방 서로에게 사랑에 빠졌다. 자연

스레 아내는 그들과 신앙을 나누며 복음을 전했고, 성경공부 모임이 시작되었다. 아내는 그 모임에 옆집 엄마와 아이들도 초대했다.

네 명의 엄마와 여섯 명의 자녀가 모였다. 엄마들과 아이들은 기독교 신앙이 없었다. 그러나 모두들 자신의 자녀들이 성경을 배우는 데에는 열린 마음이 있었다. 그리고 그 중 한 엄마가 어린 시절 주일학교에서 들었던 예수님의 음성을 다시 듣게 되었다.

아내가 아이들에게 찬양을 가르치고 성경 이야기를 들려주었고, 엄마들은 자진해서 보조교사가 되어 간식을 준비하며 아이들을 돌봤다. 그렇게 엄마들은 예수님이 누구신지를 관계 안에서 점점 배워나갔다.

아내는 세 가정을 위해 매일 간절히 기도했다. 검암동 모임을 위한 기도는 웨이처치에도 전달되었고, 교회 전체가 함께 기도했다. 하나님께서 검암동 모임에 은혜를 많이 주셨다.

어린이들은 창세기부터 요한계시록까지 성경을 배워나갔다. 이웃집 이모가 들려주는 성경 이야기를 통해 예수님을 알아갔다. 모임은 5년째 지속되어 매주 목요일 저녁이 되면 예진이 집에서 찬양하고 기도하고 성경을 배우며 함께 예배한다.

때론 너무 덥고, 때론 너무 추웠다. 바람도 불고 폭우도 여러 번 쏟아졌지만 어떤 상황에서도 기도하며 모임을 지속했다. 네 살, 여섯 살, 일곱 살이던 아이들이 모두 초등학생이 되었다. 그러자 더 많은 어린이들이 모였다. 아이들의 신앙은 무럭무럭 자랐고, 엄마들도 하나둘 예수님을 영접했다.

4년째 되던 해, 유치원 차를 함께 태워 보내던 두 명의 엄마가 세례를 받았다. 그들은 또 다른 이들을 전도하고 아이들을 가르치며 모임의 주축이 되어 이끌고 있다. 지금은 열세 명의 엄마들과 스물세 명의 아이들이 목요일 저녁만 되면 예진이 집의 벨을 누른다. 그리고 예배가 시작된다.

모여야 떠난다

예수님은 제자화 모임을 3년간 진행하시고, 부활 후에도 40일 동안 더 이끄셨다. 승천하시기 직전에도 마지막 모임을 인도하시며 계속해서 모일 것을 명령하셨다(행 1:4).

이 명령에 순종하여 제자들은 모여서 기도했다(행 1:13,14). 그러자 약속대로 성령님이 임하셨고, 그 이후로 교회 모임이 시작되었다(행 2:44).

한편, 예수님은 마지막 모임에서 떠남에 대해서도 약속하셨다. 성령의 임재 후에는 제자들이 땅 끝까지 흩어지게 될 것이라고 말씀하셨다(행 1:8). 언뜻 보면 앞뒤가 맞지 않는다. 모임과 떠남은 서로 반대된다. 그러나 예수님은 둘 다 말씀하셨다.

모임과 떠남은 한 과정이다. 허공에 발돋움을 할 수는 없다.

뛰어오르려면 디딜 땅이 필요하듯 떠나려면 모임이 있어야 한다. 모임은 떠남을 위한 디딜 땅과 같다. 떠나려면 모여야 한다.

모임과 기도로 시작한 교회는 날마다 인원이 늘었다(행 2:41, 4:4). 그들은 먼저 예루살렘에서 모임을 가졌고, 이후 전 세계로 흩어졌다(행 8:1). 예수님의 약속대로였다(행 1:8).

교회도 성경대로 한다. 우리도 모이고 또 떠난다. 교회는 모임을 강조해야 한다. 그것이 성경적이다. 하지만 그 모임의 목적이 '떠남'임을 잊지 말아야 한다. 그래야 끝까지 성경적이다.

교회는 떠난다는 방향성을 가지고 모인다. 자뭘텐 모임이 캠퍼스를 떠나자 밑끝도 모임이 되었고, 밑끝도 모임이 홍대를 떠나자 이태원에서 웨이처치가 되었다. 아내가 미국을 떠나자 처가에서 교회 개척자가 되었고, 처가를 떠나자 검암동에서 어린이 모임을 시작하게 되었다.

모여야 하는 여섯 가지 이유

성경에서 초대교회의 모습을 살펴보면 모임의 이유를 발견할 수 있다.

첫 번째는 예수님이다. 주께서 모임을 명령하셨고, 떠남을 약속하셨기 때문이다. 우리는 그분을 따르는 사람들이다. 그분의 말씀 때문에 모인다.

두 번째는 교회를 하는 것이 일상이기 때문이다. 항상 예수님을 따르다 보면 제자화가 시작된다. 제자화를 진행하다 보면 모임이 생긴다. 주님의 말씀을 따라가는 것은 특정한 날이나 장소에서 이뤄지는 일이 아니다. 언제 어디서나 수행해야 한다. 만약 주일 하루, 교회 건물 안에서만 예수님의 제자로 살겠다고 하면 그것은 가짜이다.

세 번째는 개인적 소명이 공동체의 소명과 연결되어있기 때문이다. 주님은 교회 모임 안에 다양한 은사와 여러 소명을 부어주셨다(엡 4:11). 각각의 소명은 독특하며 귀하다. 하지만 개인 소명의 목적은 공동체 모임에서 빛을 발한다(엡 4:12).

네 번째는 성장이다. 성경은 동반성장을 말한다(엡 2:20-22). 함께 모여서 영육간에 먹고 마시며 서로 섬기는 행위가 있을 때 개인과 공동체가 함께 성장을 경험한다(엡 4:13).

다섯 번째는 예배 때문이다. 히브리서는 말한다.

거룩하게 하시는 이와 거룩하게 함을 입은 자들이
다 한 근원에서 난지라
그러므로 형제라 부르시기를 부끄러워하지 아니하시고
이르시되 내가 주의 이름을 내 형제들에게 선포하고
내가 주를 교회 중에서 찬송하리라 하셨으며

히 2:11,12

내가 사랑하는 주께서 당신을 사랑하신다. 당신이 사랑하는 주께서 그들을 사랑하신다. 같은 근원을 가진 사랑이기에 한데 모여서 그 사랑을 선포하며 찬양한다.

여섯 번째는 모임이 서로를 거룩하게 하기 때문이다. 혼자 있을 때는 죄의 유혹에 더 쉽게 굴복하지만 예수님을 따르는 다른 지체들과 함께 있을 때는 죄와 싸워 이기는 일을 함께 수행하게 된다.

교회는 거룩한 사람들의 모임이 아니라 회개하는 사람들의 모임이다. 교인들은 죄 지을 여건만 조성되면 언제든 더럽혀질 준비가 된 사람들이다. 그래서 모여야 한다. 모임은 서로의 회개를 보존한다.

고린도에 있는 하나님의 교회
곧 그리스도 예수 안에서 거룩하여지고
성도라 부르심을 받은 자들과
또 각처에서 우리의 주 곧 그들과
우리의 주 되신
예수 그리스도의 이름을 부르는 모든 자들에게
고전 1:2

모이지 않으려는 이유

모이지 않는 이유도 있다. 성경에 나온다. 그것은 습관이다.

모이기를 폐하는 어떤 사람들의 습관과 같이 하지 말고
오직 권하여 그날이 가까움을 볼수록 더욱 그리하자
히 10:25

"모임을 폐하는 습관"은 어제오늘 일이 아니다. 죄인은 기본적
으로 모임을 싫어한다. 모임의 코드는 겸손과 사랑이다. 하지만
죄인의 코드는 그와 정반대이다.

최초의 모임 거부는 에덴동산에서부터 시작되었다. 아담은 하
나님을 피해 숨었고(창 3:8), 단짝 하와를 참소했다(창 3:12). 두
명 이상이면 모임이 성립된다(마 18:20). 아담은 자신의 가장 중
요한 모임을 둘 다 깨뜨렸다.

에덴 모임이 파괴된 이후로도 인류는 계속 선한 모임들을 파괴
했다. 그 대신 악한 모임을 도모했다(창 11:1-4). 이처럼 모임을
폐하는 것은 인류의 오랜 습관이다.

그러나 예수 안에서는 모임 습관이 바뀌었다. 혼술(혼자 술 마
시기)하던 사람이 예수님을 믿으면 성령의 술에 함께 취하는 교회
모임을 즐기게 된다. 혼밥(혼자 밥 먹기)하던 사람도 예수 안으로
들어가면 말씀을 함께 먹는 제자들의 모임을 사랑하게 된다. 우

리는 모임을 통해 서로를 위해 기도하며 말씀으로 동반성장하는 거룩한 공동체, 교회이다.

———

말씀을 따라 순종하면 반드시 낯선 길을 만나게 된다.
그 길을 다 통과해야 믿음이 굳어진다.
예수님을 따르는 길도 그렇다.
익숙하다며 해오던 것만 반복하면 변화는 없다.
발전이나 성장에는 방법을 바꿀 용기가 필요하다.

송준기, 《무서워마라》, 규장, 2016, 114쪽

그리스도께서 어찌 나뉘었느냐

고전 1:13

이념이 아니라 진리다

17

큰 교회 vs 작은 교회

강의나 설교를 다니다 보면 많은 사람들이 내게 묻는다.

"웨이처치는 '작은 교회 운동'을 하나요?"

내가 대답한다.

"아니요."

질문이 하나 더 돌아온다.

"그렇다면 웨이처치도 메가처치 현상에 동조하나요?"

그러면 나는 또 대답한다.

"그것도 아닌데요."

데이브 브라우닝Dave Browning은 작은 교회를 '본질에 집중하는 교회'로 정의한다(《작은 교회가 아름답다》, 옥당, 2010, 47-52쪽). 하지만 대부분의 사람들은 작은 교회를 다르게 정의한다. 그들은 '모이는 성도의 수가 적은 교회'라고 생각한다.

예를 들어 "성도 수가 20명 이하로 유지되어야 한다"라는 식이다. 그 일반적인 사고방식에 대한 내 대답은 "No!"이다. 크고 작은 다양한 교회들의 연합을 어거스틴은 이렇게 설명했다.

"본질적인 것에서는 일치를, 비본질적인 것에서는 다양성을, 그리고 나머지 모든 것에서는 사랑을 추구하라."

작은 교회 운동이 만약 교회의 기능(본질)에 집중하기 위해 형태(비본질)의 다양성을 인정하는 신학과 관련한 질문이라면 그 대답은 "Yes!"가 될 것이다. 하지만 단순히 크기의 틀로만 논의하는 것이라면 "No"라고 답해야 한다. 왜냐면 '크기'라는 기준으로 교회를 제한하는 신학적 사고는 '성경'이 아닌 '현상'에서 나왔기 때문이다.

작은 교회 운동은 메가처치 현상의 비성경적인 부분을 지적하며 그 대안을 제시한 모델이다. 하지만 본인들이 비판하는 메가처치 현상만큼이나 자신들도 교회를 성도의 수라는 틀로 바라보고 있다.

결국 "성도가 몇 명이냐"라는 틀이 그 생각의 기초이다. 많으냐 적으냐를 따지는 한, 작은 교회 운동은 메가처치 현상과 뿌리가 크게 다르지 않다. 신광은 박사도 같은 지적을 한다.

"메가처치 현상의 대안이 '큰 교회 vs 작은 교회'라는 틀로 제시되는 것은 메가처치 현상이 쳐 놓은 '크기'라는 프레임에 스스로 갇

히는 결과를 낳는다."

-신광은, 《메가처치를 넘어서》, 포이에마, 2016, 218쪽)

대안이 아니라 성경

웨이처치는 큰 교회 운동이나 작은 교회 운동에 관심이 없다. 다만 성경에 관심이 있다. 우리는 처음부터 지금껏 어떤 현상에 대한 '대안'을 말한 적이 없다. 대안은 이념을 만들기 때문이다. 만약 우리가 교회를 이념으로 진행한다면 그 동기는 믿음이 아니라 신념이 되고 말 것이다.

현상을 바꾸는 힘은 신념에 있지만 성경을 따르는 힘은 믿음에 있다. 우리는 신념의 자녀들이 아니라 믿음의 자녀들이다. 교회는 옳다고 믿는 것을 따르는 이념 공동체가 아니다. 성경을 따르는 믿음의 공동체이다.

작은 교회 운동은 옳고 멋지다. 하지만 그것이 메가처치 현상의 반작용에 의한 하나의 이념인 이상 우리는 관심이 없다. 교회는 특별한 사람만 알 수 있는 특별한 대안을 따라가지 않는다. 오히려 누구나 볼 수 있는 평범한 정답을 따라간다.

교회는 어떤 현상을 뒤집기 위해 진행하는 것이 아니다. 오히려 성경이 말하는 것을 제한 없이 직접 실행하다 보면 덜컥 생겨 버린다.

누군가는 또 묻는다.

"웨이처치가 영향을 가장 많이 받은 신학자나 멘토는 누구입니까?"

그때마다 우리는 대답해왔다.

"예수 그리스도!"

또 어떤 사람들이 묻는다.

"웨이처치의 기초가 되는 교단이나 단체는 어디입니까?"

그때도 우리는 대답해왔다.

"성경책이요!"

교회가 예수 그리스도께 가장 많은 영향을 받았고, 성경의 기초 위에 섰다는 것은 당연하다. 문제로부터 도출된 대안을 실행한다는 말은 적어도 교회에게는 적합하지 않다. 교회의 역사가이를 보여준다.

성경이 말하는 진리를 상황과 시대를 초월해서 성도들이 희생으로 실행해왔던 스토리가 교회사를 이루고 있다. 교회는 이념을 좇지 않고 진리를 따른다.

하나 되게 하시는 성령님

교회가 좇는 진리는 하나이다. 그것은 예수 그리스도이다. 교회는 성령 안에서 예수로 하나가 된다. 교회는 모여서 기도하고 말씀을 배우며 실천을 서로 돕는다(행 1:14, 2:16-47, 마 28:20). 이 일은 성령님이 주도하신다. 성경 저자도 성령이시고(딤후 3:16, 벧후 1:21), 성경 교사도 성령이시니(요 14:26), 한 성령 안에서 교회는 한 말씀을 따를 수 있다. 성령은 예수님의 영이다.

주는 영이시니
주의 영이 계신 곳에는 자유가 있느니라
고후 3:17

분열은 예수님 밖에 거하는 사람들이 있을 때 생긴다(고전 1:11,12,30). 교회 모임의 구성원들은 모두 성령의 임재가 있는 사람들이어야 한다(행 1:8). 성령님이 교회를 하나 되게 하신다.

처음 성령님이 임하셨을 때 제자들은 세계 각국의 언어들로 말하기 시작했다(행 2:4). 바벨탑 이후, 인류가 다 여러 언어로 흩어졌다(창 11:7,8). 하지만 이를 성령께서 다시 방언사건으로 하나 되게 하셨다(행 2:16-18).

성령님은 교회를 사랑과 평안으로 하나 되게 하시고, 무엇보다 예수 그리스도로 하나 되게 하신다(엡 4:1-8). 모두 함께 그분의 말씀을 따르도록 인도하신다. 남녀노소와 빈부가 모여 함께 성경을 좇아 하나의 교회가 될 수 있는 근거가 성령님이다. 성령의 사람일 때 진리로 연합한다.

충분조건

교회 모임의 내용을 보라. 사도행전 1장에서 성령님의 임재에 대한 약속과 그 실행이 없었다면 2장의 교회는 탄생할 수 없었을 것이다. 최초의 교회 모임에 대해 성경에 이렇게 기록되어있다.

그들이 사도의 가르침을 받아
서로 교제하고 떡을 떼며 오로지 기도하기를 힘쓰니라
사람마다 두려워하는데
사도들로 말미암아 기사와 표적이 많이 나타나니
믿는 사람이 다 함께 있어 모든 물건을 서로 통용하고
또 재산과 소유를 팔아 각 사람의 필요를 따라 나눠주며
날마다 마음을 같이하여 성전에 모이기를 힘쓰고
집에서 떡을 떼며 기쁨과 순전한 마음으로 음식을 먹고
하나님을 찬미하며 또 온 백성에게 칭송을 받으니
주께서 구원받는 사람을 날마다 더하게 하시니라

행 2:42–47

초대교회의 이 모습이 너무 멋져서 많은 사람들이 그 모임의 내용을 따라 한다. 하지만 사도행전 2장 앞에는 1장이 있다. 우리에게는 사도행전 1장 없이 2장만 취사선택할 권한이 없다. 1장에 기록된 성령임재에 대한 예수님의 약속과 이행이 교회에 대한 충

분조건이다.

성령의 사람들이 모이면 교회가 탄생된다. 하지만 그 반대는 충분조건일 수 없다. 성경을 배웠다고 다 교회가 될 수는 없다. 함께 모여 식사교제와 예배 프로그램을 진행하며 아무리 서로 물건을 나눠 쓴다고 해도 그것만으로는 교회가 될 수 없다. 성령님의 임재가 교회의 원인이다.

흔히들 사도행전 2장을 예배, 전도, 교제, 훈련, 봉사의 다섯 가지로 요약한다(릭 워렌 Rick Warren, 《목적이 이끄는 교회: 새들백교회 이야기》, 디모데, 1995, 125쪽). 그러나 다섯 가지 요소 중 어느 것 하나를 추구한다고 해서 교회가 이뤄지지는 않는다. 모두 성령의 역사 바깥에서는 불가능한 것들이다.

교회는 신비한 모임이다. 성령의 임재와 충만하심이 있는 성도들일 때, 한 성령 안에서 하나의 모임이 되어 교회로 존재한다.

회개

베드로 사도는 성령임재의 원리를 이렇게 설명했다.

베드로가 이르되 너희가 회개하여
각각 예수 그리스도의 이름으로 세례를 받고
죄 사함을 받으라

그리하면 성령의 선물을 받으리니

행 2:38

회개하고 예수님을 따르는 것이 그 비결이다. 성령님은 거룩하신 분이다. 그분과 공존하려면 회개해야 한다. 성령임재뿐만 아니다. 성령충만의 비결도 회개이다.

교회는 이념이 아니라 진리를 좇는다. 진리 안에서 하나가 되는 길은 성령의 사람이 되는 것이다. 성령충만은 회개하며 예수님을 따를 때 이뤄진다. 한마디로 회개 공동체이다. 회개하지 않는 신자, 예수님을 좇지 않는 성도는 교회 모임에서 나뉜다.

회개의 기준은 예수님이다. 그분이 곧 말씀이시다(요 1:14). 어떤 종교인이나 인간 선생의 이념 때문에 회개하는 것이 아니라 예수님 때문에 회개한다. 성경 진리에서 벗어나는 것을 회개한다. 회개란 예수께로 돌아가는 것이다(눅 7:37). 그분께 부딪혀 품안의 옥합을 산산조각 깨뜨리는 것이다(막 14:3).

교회 모임은 정치나 리더십으로가 아니라 회개로 진행된다. 회개할 때 성령 안에서 한마음과 한 뜻이 된 사람들이 모인다.

그러므로 그리스도 안에 무슨 권면이나 사랑의 무슨 위로나
성령의 무슨 교제나 긍휼이나 자비가 있거든
마음을 같이하여 같은 사랑을 가지고

뜻을 합하며 한마음을 품어

아무 일에든지 다툼이나 허영으로 하지 말고

오직 겸손한 마음으로 각각 자기보다 남을 낫게 여기고

각각 자기 일을 돌볼뿐더러

또한 각각 다른 사람들의 일을 돌보아

나의 기쁨을 충만하게 하라

너희 안에 이 마음을 품으라

곧 그리스도 예수의 마음이니

빌 2:1-5

집중의 비밀은 불필요한 것들을 배제하는 데 있다.

하워드 헨드릭스 Howard Hendricks

만일 한 지체가 고통을 받으면
모든 지체가 함께 고통을 받고
한 지체가 영광을 얻으면
모든 지체가 함께 즐거워하느니라
너희는 그리스도의 몸이요 지체의 각 부분이라

고전 12:26,27

네가 이겨야 나도 이긴다

18

부분의 아픔은 전체의 신음

그리스도가 곧 교회이다(요 2:21). 성도들은 그리스도를 머리로 하는(엡 4:15) 하나의 몸을 이루고 있다(고전 12:12). 교회는 그리스도의 몸이다.

몸은 하나의 유기체라서 열 손가락 깨물어 안 아픈 손가락이 없다. 자식을 자신의 몸의 일부로 대하는 부모의 심정도 그와 같다. 하나님은 우리의 아버지시다(롬 8:15). 우리는 그분의 자녀들이다(요 1:12). 주님은 우리를 사랑하셔서 자신의 몸으로 대하신다. 부분의 아픔은 머리의 고통이자 전체의 신음이 된다. 우리는 한 몸이다. 하나님의 몸이다.

유기체의 특성상 부분의 오염은 모두를 위협한다(고전 12:26). 그 대표적인 예가 아간의 범죄이다. 한 사람의 불순종이 여호수아의 군대를 죽음으로 몰아넣었다(수 7:5). 그뿐만이 아니다. 아담 이후로 한 리더의 범죄는 모두의 속죄를 요구했고(레 4:3), 신약교회가 시작되자마자 벌어진 아나니아와 삽비라의 거짓말은 교회 전체의 순수성에 대한 위협이 되었다(행 5:1-11).

같은 스토리는 오늘도 반복된다. '나 하나쯤이야'라고 생각하며 숨은 죄악으로 일관하는 태도는 우리 모두의 죄악이 되며 전체의 패배를 불러온다.

우리는 전투를 수행중이다. 땅 끝까지 이르러 예수님의 제자를 세워나가며 제자화 모임 중심의 교회를 지속적으로 개척해나가고 있다. 이 소명은 개별적으로 숨은 죄들을 회개로 제거하며 함께 예수님을 따를 때 수행 가능하다.

교회는 고난 받는다

예수님을 따른다는 것은 큰 대가를 요구한다. 주께서는 제자를 자처하는 사람들에게 진실을 말씀하셨다. 예수님을 따르겠다고 하는 청년에게 여우나 공중의 새보다 못한 삶을 예고하셨고(눅 9:57,58), 아버지 장례보다 더 큰 우선순위를 요구하셨으며(눅 9:59,60), 심지어 가족보다 예수님 따르는 것을 더 중요하게 여기라고까지 말씀하셨다(눅 9:61,62). 이는 따라오지 말라는 말이나 다름없었다.

그럼에도 불구하고 따라나선 제자들이 있었다. 그들은 "곧 그물을 버려두고" 따라나섰다(막 1:18). 그러나 예수님은 그런 신실

한 자들에게조차도 엄청난 대가를 요구하셨다.

또 자기 십자가를 지고 나를 따르지 않는 자도
내게 합당하지 아니하니라
마 10:38

사랑하는 주님이 교회를 위해 남겨두신 고난이 있다(골 1:24).
함께 승리하려면 그 고난에 동참해야 한다.

교회를 한다는 것은 주님을 사랑하는 과정이며, 주님을 따라
가는 과정이다. 교회는 그리스도의 고난 위에 섰고, 그 고난은
그리스도를 따르는 사람들 안에서 또 진행된다.

교회는 제자들의 모임이다. 제자들은 제자화를 한다. 제자화
진행은 수고로운 일이다. 그리스도의 제자를 낳아 기르는 일은
희생을 요구한다.

그리스도 안에서 일만 스승이 있으되
아버지는 많지 아니하니 그리스도 예수 안에서
내가 복음으로써 너희를 낳았음이라
고전 4:15

무리와 제자들을 불러 이르시되

누구든지 나를 따라오려거든 자기를 부인하고
자기 십자가를 지고 나를 따를 것이니라

막 8:34

교회를 한다는 것은 그리스도의 고난의 가치가 그분을 따르는
제자들 안에 체득體得되는 과정이다. 거기엔 정규 커리큘럼에 따
른 교실 수업 같은 게 없다. 오히려 아이가 엄마를 사랑하듯, 연
인이 서로를 그리워하듯 누가 가르쳐주지 않아도 체득되는 자연
스러운 사랑의 과정이 있다.

물건 하나를 사도 지불한 가격만큼의 가치를 얻는데 하물며
교회를 한다는 것은 하나님께서 지불하신 독생자의 대가, 그 가
치를 호가하지 않겠는가? 교회에는 그리스도께서 몸으로 지불하
신 값비싼 고난의 열매가 담겨있다. 그 열매가 다 익으면 떨어져
썩어서 새 싹을 틔워야 한다(요 12:24).

예수님의 몸을 찢고 틔운 싹이 교회열매가 되었다(롬 3:25,26).
예수께서 몸으로 대가를 지불하셔서 교회를 사셨다(행 20:28). 십
자가 사랑으로 여문 교회다(요 14:24, 롬 5:8).

교회가 진행된다는 것은 그 희생의 가치를 담아내는 사람이 있
다는 뜻이다. 제자화의 진행은 하나님 사랑의 가치를 담아내는
사람이 있다는 뜻이다. 십자가에 스민 사람, 보혈에 물든 사람,
희생의 가치를 보여주는 사람이 교회가 된다.

교회의 성공

예수님을 따라가야 제자이고, 제자여야 제자화 진행이 가능하며, 제자화를 진행해야 교회가 탄생된다. 즉, 예수님을 따라가야 교회가 탄생된다. 일반적인 성공의 의미에서 보면 교회는 성공과 거리가 멀다. 제자화 사역을 통한 교회 개척자들에게 성경은 이렇게 말한다.

우리가 주리고 목마르며 헐벗고

매맞으며 정처가 없고

또 수고하여 친히 손으로 일을 하며

모욕을 당한즉 축복하고 박해를 받은즉 참고

비방을 받은즉 권면하니

우리가 지금까지 세상의 더러운 것과

만물의 찌꺼기같이 되었도다

고전 4:11-13

사전적 의미의 성공은 "목적하는 바를 이룸"이란 뜻이다. 일반적으로는 부와 명예의 취득이 그 목적하는 바다. 심지어 교회의 성공에 있어서도 같은 생각을 하는 경우가 많다.

하지만 교회는 예수님의 것이라서 그분의 방법으로 진행되어야 할 뿐만 아니라, 그분의 목적이 이뤄져야 한다. 즉, 일반적 성공成功이 아니라 예수님의 목적을 이루는 성공聖功이어야 한다.

교회를 하면 사사로운 야망 대신 십자가를 지고 죽기까지 예수를 좇아야 한다. 이득을 주는 사람들 대신 당신을 버릴 한 영혼을 헌신적으로 사랑해야 한다.

취미생활이나 멋진 여행 대신 밤낮으로 사람들 사이에서 지내야 한다. 돈 버는 일이나 재테크 대신 빠듯한 살림에 남을 먹이며 밑 빠진 독에 물 붓기를 해야 한다.

나는 쇠하여야 하리라

우리는 세례 요한의 사명 선언문을 잘 알고 있다. 그리스도의 성공을 위해 제자는 쇠하여야 한다.

> 그는 흥하여야 하겠고 나는 쇠하여야 하리라 하니라
> 요 3:30

교회는 명예 성취에 전혀 적합하지 않다. 교회의 일은 사역자의 이력이 되지 못한다. 오히려 성령께서 다 하시고, 모든 영광도 주님이 취하신다.

제자가 하는 일이 무엇인가? 능력의 증인이 되는 일도(행 1:8, 4:8), 박해 가운데서 담대한 것도(행 4:31), 교회가 평안하여 든든히 성장해가는 것도(행 9:31), 사역의 방향성과 그 진행도 성령께서 주도해가신다(행 16:6-10). 또 사역자를 부르시고 세우시고 파송하시는 일도(행 13:1-5), 이적과 그 가운데 복음을 전하는 것도 성령께서 하신다(행 2:43, 4:16,30,31, 5:12, 6:8, 8:6,13, 14:3, 15:12, 19:11).

사역자의 잘난 부분마저 성령의 주도적 사역 아래 다 사라진다. 교회를 하는 사람들은 모든 일을 하면서도 아무 영광도 취하지 않는다(계 4:10). 어떤 수고를 해도 자신의 성공이 아닌 주님의 성공을 꾀하는 만물의 찌꺼기이며(고전 4:13), 무익한 종이며(눅 17:10), 품꾼이며(눅 15:19), 삯꾼 아르바이트생(요 10:12,13)에 지나지 않는다. 또한 고난 받기로 작정된 인생이고(골 1:24), 주님을 섬기기 위해 제자화 밑거름으로 썩어 없어져야 하는 사람들이다(요 12:24-26).

성공적인 교회

리더십 때문에 부흥하는가? 시스템 때문에 성도가 많아지는가? 외모가 청년스러우면 청년사역이 되고, 노인스러우면 노인사역이 되는가? 사역 방법에 녹아든 동시대적 문화적 접근이 성공을 가져다주는가?

다 아니다. 성도들을 교회로 보내시고(행 2:47), 복음을 듣는 이들의 마음을 여시는 분은 주님이시다(행 2:37, 16:14). 하나님의 말씀이 교회를 성장시키는 주역이며(행 6:7, 12:24, 13:49, 19:20), 구원하는 능력은 사역자에게서 나오는 것이 아니라 복음 그 자체에서 나온다(롬 1:16, 고전 1:18). 말씀은 인간의 지혜가 아니라 성령의 능력 가운데 전파되어야만 한다(롬 15:18,19, 고전 2:4,5).

주님이 다 하신다. 그래서 주님을 따라가는 자는 누구나 교회를 할 수 있다(고전 1:26-29). 우리가 할 일은 함께 예수님을 의지하며 따라가는 것뿐이다. 그러면 교회는 주께서 이루신다.

수많은 프로그램들로 바쁘게 땀 흘리더라도 기도와 말씀에 방해된다면 당장 중지해야 하는 이유가 여기에 있다. 주님이 일하시게 하려면 먼저 주님을 따라가야 한다. 기도와 말씀으로 주께 붙어있어야 한다.

> 너희가 내 안에 거하고 내 말이 너희 안에 거하면
> 무엇이든지 원하는 대로 구하라 그리하면 이루리라
> 요 15:7

그래도 교회를 하는 두 가지 이유

조금이라도 성공할 생각이 있다면 왜 하필 교회를 하겠는가? 교회의 일부분이 되었을 때, 우리는 끝난 인생을 시작한 셈이다.

교회를 하는 한 이미 망한 인생, 끝장난 삶을 사는 중이다.

하늘 상급 외엔 기댈 노후자금이 없고, 그리스도 앞에서의 유명 외에는 기댈 명예가 없으며, 언젠가 나를 떠나갈 영혼들 외에는 유산이 없는 인생이다. 교회 개척자의 삶, 제자화 사역자의 삶이 그렇다.

그럼에도 왜 교회를 하고자 하는가? 사랑 때문이다. 주님이 먼저 사랑하셨고(요일 4:19), 나도 너무 사랑하고 또 의지하기 때문이다(시 13:5,6). 내 사랑하는 주님만 홀로 영광 받으시는 일에 티끌 하나의 무게로라도 쓰임 받고 싶고(사 6:8, 합 1:14), 주님과 더 가까이 있고 싶어서다(시 84:10).

또한 소명 때문이다. 주님이 나를 부르셨고(마 4:19), 죄 가운데 주님을 배반했을 때에도 찾아오셔서 "밥 먹자"고 해주셨기 때문이다(요 21:12). 그분을 따라나설 때 손에 쥔 것을 버리고 나섰으며(마 4:20), 그분이 이 죄인에게 자신의 양떼를 맡기셨기 때문이다(요 21:15-17).

사랑과 소명 안에서 교회는 예수님을 따른다.

교회는 그 사명을 거부할 때, 더 이상 교회가 아니다.

도널드 밀러 Donald Miller

그들이 묻되 우리가 어떻게 하여야
하나님의 일을 하오리이까
예수께서 대답하여 이르시되
하나님께서 보내신 이를 믿는 것이
하나님의 일이니라 하시니

요 6:28,29

예수님을 믿는 것이 우리의 일이다

미련한 자

세상이 볼 때 교회는 바보 같다. 그런데 우리는 인생 최대의 가치로 붙잡고 생명을 건다. 자신을 주장하지 않고 그리스도의 제자가 되어 교회를 이뤄가고 있다.

만약 자신이 하나님보다 더 미련하다는 사실을 인정하지 않는다면 세상에서 미련한 복음을(고전 1:18,23), 더욱이 전도라는 미련한 방법으로(고전 1:21) 어떻게 전할 수 있겠는가? 복음을 자신의 지혜의 말로 꾸미고 바꾸면 당장은 좀 똑똑해 보일 수 있어도 교회가 될 수는 없지 않겠는가?

예수님의 방법대로 교회를 하려고 할 때, 그리스도의 남은 고난을 자기 몸에 담아야 하는 순간들을 어떻게 피해 가겠는가? 우리는 바보 같은 일들을 바보 같은 방법으로 하기 때문에 발생하는 세상의 공격을 순결과 지혜(마 10:16)로 대처하며, 점점 "그리스도의 남은 고난"(골 1:24)을 체득해나가는 사람들이다.

또한 똑똑한 세상 앞에서 가장 미련한 복음을 가장 미련한 방법으로 가르쳐 지키게 하는 사람들이다(고전 1:22-29).

당신은 물로 뛰어들 사람인가?

제자화를 통해 교회를 시작하고 진행하는 것은 물로 뛰어드는 것과 같은 모험이다. 예수님이 물 위를 걸어오셨을 때 베드로는 외쳤다. "나를 명하사 물 위로 오라 하소서"(마 14:28). 비상식적이고 미련한 요청을 했다. 그런데 그는 물 위를 걸었다.

그에게는 예수님을 향한 믿음이 있었다. 비록 나중에는 물에 빠졌지만 베드로에게는 작은 믿음이라도 있었다. "믿음이 작은 자여"(마 14:31).

믿음으로 물 위를 걸었던 베드로를 보며 내게는 이런 질문들이 생긴다(송준기, 《무서워마라》, 규장, 2016, 188,189쪽).

'얼마나 안전한 배를 만드는가'보다 물 위를 걸어보기를 더 원하는 사람은 누구인가?

'얼마나 멋진 모습으로 그 배를 장식하고 꾸미는가'보다 물로 뛰어드는 것을 더 중요하게 생각하는 사람은 누구인가?

예수님이 "오라"(마 14:29)고 하실 때, 안전한 배를 떠나 풍랑이 이는 물속으로 뛰어들 수 있는 사람은 누구인가?

만약 믿음이 부족해서 물 위를 걸을 수 없더라도, 적어도 수영이라도 해서 예수님의 부르심에 따르고 싶은 자는 누구인가?

수영을 하든, 물 위를 걷든, 적어도 배 안에서 안전하게 죽기를 기다리고 싶지 않은 사람은 누구인가?

배를 꾸미느라 정신이 팔려서 물로 뛰어들 절체절명의 기회를 놓쳐버리는 어정쩡한 제자가 되고 싶지 않은 사람은 누구인가?

배인가, 풍랑이 거센 바다인가? 어차피 둘 중 하나를 골라야 한다면 배보다는 풍랑 속으로 뛰어들고 싶은 사람은 누구인가?

한 번의 풍랑을 이겨낸 배가 또 다른 풍랑을 이겨낼지도 모르고, 그 배가 모든 풍랑을 이겨낸다 하더라도 언젠가 제자는 죽는다는 사실을 이해하는 사람은 누구인가?

안전한 배 안에서 안전히 죽기를 계획하기보다는 죽기 전에 "오라"는 명령을 듣고 그것을 따르고 싶은 자는 누구인가?

"안심하라 나니 두려워하지 말라"(마 14:27)는 음성을 듣고 싶은 자는 누구인가?

예수님이 세우시는 교회

남자어른 5천 명이 공짜 도시락을 먹은 적이 있다. 그 다음날, 사람들은 예수께 열광하며 다시 모였다. 그러나 그들은 별로 환영받지 못했다. 그 모임의 목적이 예수님이 아니라 단지 또 다른 공짜 밥에 있었기 때문이다(요 6:26). 예수님은 그들에게 고작 식사 한 끼를 얻어먹기 위해 일하지 말고 영생을 위해 일하라고 하셨다(요 6:27). 그러자 군중은 하나님의 일이 무엇이냐고 물었고(요 6:28), 예수님이 대답하셨다.

하나님께서 보내신 이를 믿는 것이 하나님의 일이니라
요 6:29

교회이자 그 주인이신 예수께서 우리에게 시키신 일이 있다. 예수님을 믿는 것이다. '예수님을 믿는 일'을 처음 신앙을 가질 때 한 번만 해도 된다고 주장하는 사람들은 이단이다. 우리는 회개를 지속하며 믿음으로 날마다 자라간다. 예수님을 믿을 때 주께서 직접 교회를 세우신다(마 16:18). 그분을 믿는 사람들이 교회를 이룬다(고전 1:2).

예수님을 믿는 사람이 이긴다

예수님은 아무 교회나 이긴다고 약속하신 적이 없다. 큰 교회나 작은 교회가 이긴다고 하시지도 않았다. 성공하는 교회나 실패하는 교회가 이기는 것도 아니다. 예수님의 교회가 이긴다.

승리자 예수님은 교회를 세우라고 명령하시지 않고 제자화를 명령하셨다(마 28:19,20). 교회는 예수님이 직접 세우신다고 말씀하셨다(마 16:18). 교회는 제자화의 결과물이며 예수님의 사역이다. 그래서 제자화를 하느냐, 하지 않느냐가 예수님의 교회인지 아닌지를 가른다.

교회의 정도正道는 '제자 만들기'에 있다. 제자화의 장소는 성도가 있는 모든 곳이다(행 1:8). 교회는 삶의 현장에서 동진同塵한다. 흰자가 노른자를 품어 함께 달걀을 이루듯, 성도는 세상의 품에서 선교와 함께 교회를 이룬다. 먹고 마시며 울고 웃는 가운데 하나님나라가 하나님의 사람들에 의해 실행된다.

그것은 '선교적 교회'나 '3년 뒤에 졸업하는 세미나 과정' 같은 것이 아니다. 예수님의 말씀을 몸으로 진행하는 사람들의 하루하루가 들어찬 삶 덩어리이자 열매 묶음이다.

위임

예수님을 믿는 사람들은 그분의 제자들을 만든다. 그들이 자기 제자가 아닌 예수님의 제자를 만드는 길은 위임에 있다. 제자화는 세대 전이가 특징이다(딤후 2:2). 이를 위해 위임이 반드시 이뤄져야 한다.

위임은 희생으로 얻은 영적 리더십을 적묘適苗를 찾아내서 이식하는 일이다. 아무나 할 수 없는 일이다. 강한 리더십이 있는 사람이나 할 수 있다. 그것은 최상의 권위를 쪼개 사랑으로 맡기는 예수님의 방법이다. 큰 희생과 오랜 돌봄의 끝에 찾아오는 달콤한 휴식이다. 하나님나라를 확장하는 방법이자 예수님을 섬기는 길이며, 제자화 사역과 교회 개척의 핵심이다.

그 위임은 3단계로 진행된다.

1단계는 '보여주기'다. 예수님은 공생애 3년간 제자들과 밤과 낮을 함께 지내시며 모든 사역을 보여주셨다. 우리도 다르지 않다. 위임하려면 먼저 보여줘야 한다. 예수님을 따르는 삶이 매사에 어떻게 진행되는지를 투명하게 보여줄 수 있어야 한다. 이것은 사랑의 관계 안에 있을 때 가능하다. 겉뿐만 아니라 안까지 다 보여주는 관계는 사랑 안에서만 가능하다.

2단계는 '함께하며 지켜봐주기'다. 예수님은 모든 일을 함께 진행하셨다(마 9:11, 15:32, 26:20,36,40). 제자들은 홀로 사역하지 않았다. 하나부터 열까지 그분과 함께했다. 본 것을 실행할 때 그분이 옆에서 지켜봐주시고 코치해주셨다. 위임하려면 함께해야 한다. 리더가 앞서 보여준 것을 제자들이 실행하도록 하고, 옆에 있어줘야 한다.

3단계는 '떠나기'이다. 예수님은 떠나셨다(요 16:7, 행 1:9). 제자들에게 천국 열쇠까지 맡기시고 떠나셨다(마 16:19). 위임의 종료는 떠남이다. 그래야 제자들의 손으로 제자화하기가 제대로 시작된다. 전도와 제자화를 진행하다 보면 영적 리더십이 생긴다. 그것은 보여줌과 동행을 통해 커진다. 그러나 떠남 없이는 위임이 완성되지 못한다. 배가(倍加)는 떠난 후에 일어난다.

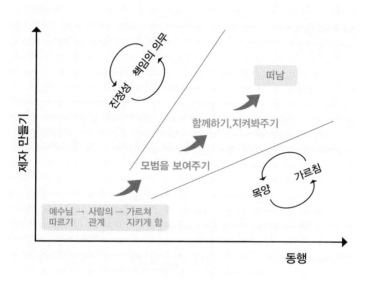

〈위임의 3단계〉

교회는 본질적으로 선교적인 특성을 지니고 있기 때문에
현상을 유지하려는 마음가짐maintenance mentality을 용인하지 않는다.
최동규, "선교적 교회 개척의 의미와 신학적 근거", 〈선교신학 제28집〉, 2011, 265쪽

그의 안에서 건물마다 서로 연결하여
주 안에서 성전이 되어가고 너희도 성령 안에서
하나님이 거하실 처소가 되기 위하여
그리스도 예수 안에서 함께 지어져 가느니라

엡 2:21,22

예수 네트워크로 존재하라

주일예배 장소를 찾아라

웨이처치 초기 2년간 제자화가 지속되어도 큰 인원 변화는 없었다. 하지만 3년쯤 지나자 갑자기 두 배가 되었다. 그러자 문제가 생겼다. 전체 인원이 한자리에 모일 장소가 없었다.

10명 이하는 어디서든 모일 수 있었다. 하지만 20명이 넘어서자 당장 주일예배 모임 장소를 찾을 수가 없었다. 그렇다고 홍대 어딘가에 건물을 임대할 능력도 없었다. 장소 고민에 빠진 우리는 예배 장소를 달라고 함께 기도하기 시작했다.

처음에는 복합문화 공간을 빌려 썼다. 두 시간에 8만 원을 내면 빌릴 수 있었다. 그러나 시간이 더 지나자 인원이 세 배로 늘었다. 그리고 미국에서 함께 기도했던 제임스 목사가 사역자로 합류하면서 외국인들도 오기 시작했다.

주일예배 장소가 또 문제가 되었다. 우리는 다시 기도할 수밖에 없었다. 평일에는 근처 교회들의 빈 공간을 빌려 쓸 수 있었다. 특히 100주년 기념교회와 신촌성결교회에 많은 신세를 졌다. 하지만 여전히 주일예배 장소는 찾기 힘들었다.

평일에는 소그룹으로 모일 수 있었지만 주일에는 모두가 모여야 했다. 60명이 모일 공간을 찾아내는 것은 인원이 적을 때보다 더 힘들었다.

우리는 지혜롭거나 능력이 있는 무리가 아니었다. 다들 젊고 가난하고 경험도 없었다. 그래서 더욱 기도했다. 그러던 어느 날, 한 목사님을 만났다. 홍대에 공연장을 시작하신 분이었다. 그 분을 통해 우리는 멋진 장소를 빌려 쓰게 되었다.

레드빅Red Big, 홍대를 구석구석 돌아다녀봤지만 그렇게 멋진 곳은 처음이었다. 최신 시설에 인테리어까지 입이 떡 벌어질 만큼 멋있었다. 거기서 주일예배를 드리게 되었다.

그러자 또 다른 문제가 생겼다. 제자화 관계 바깥에서 사람들이 모이기 시작했다. 그러자 가정과 일터에서 합당한 자를 찾아 함께 시간을 보내며 제자화를 하던 문화가 흔들렸다. 제자로 살려던 사람들이 새신자 관리를 통한 교회 성장에 슬그머니 욕심내기 시작했다.

멋진 예배 공간이 없을 때 웨이처치에 합류하는 첫 관문은 삶의 현장이었다. 일하고 먹고 마시는 각자의 현장에서 새신자들은 이미 예수님을 만나고 제자화 모임을 갖고 있었다. 그러다가 간혹 기회가 되었을 때 주일예배에도 합류하곤 했다.

하지만 멋진 장소가 주어지자 상황이 역전되었다. 더 많은 사람들이 제자화 관계 바깥에서 주일예배 장소로 바로 찾아왔다. 그 중에 간혹 교회 소그룹에 대해 묻는 이들도 있었지만 새가족반을 위한 소그룹은 없었다.

이미 기존 성도들은 제자화 모임들을 가정과 일터 그리고 캠퍼스에서 진행 중이었다. 그렇기에 우리에겐 주일예배로 바로 찾아온 새신자들의 요구에 응할 시간이나 에너지가 없었다.

그렇게 반년 정도 지나자 이도 저도 하지 못한 채 관점이 크게 바뀌었다. 제자화가 아니라 새가족 양육을 더욱 중요시하게 되었다. 이 문제로 리더 모임이 여러 차례 진행되었다. 기도와 대화를 통해 우리는 선택의 기로에 섰다. 레드빅 이전처럼 웨이처치를 계속 할 것인가 아니면 다른 교회가 될 것인가?

이 결정은 기도로 주님의 뜻을 물으며 진행되었다. 모여서 기도하고 흩어져서 더 기도했다. 그리고 모여서 다시 성경을 펼쳐 들었다. 우리는 예수님의 대위임명령(마 28:19,20)이 '떠남'으로 시작된다는 데 초점을 맞추었다. 그리고 문자적으로 떠나기로 결의했다.

예수님의 명령 따라가기를 해오던 경험이 있어서 의외로 순종이 쉬웠다. 그렇게 우리는 멋진 예배 장소를 훌쩍 떠났다.

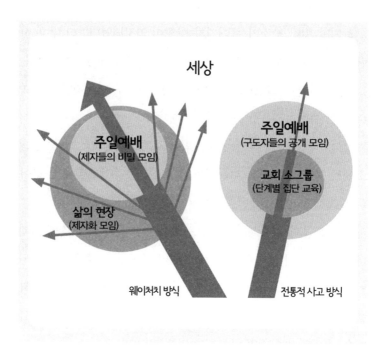

세상

주일예배
(제자들의 비밀 모임)

삶의 현장
(제자화 모임)

주일예배
(구도자들의 공개 모임)

교회 소그룹
(단계별 집단 교육)

웨이처치 방식

전통적 사고 방식

〈주일예배를 어떻게 볼 것인가〉

경리단교회와 성경통독교회

10월의 마지막 주일, 우리는 파송식을 했다. 먼저 기존의 제자
화 모임 7개를 중심으로 7개의 장소에서 주일예배를 나눠 드리기
로 했다. 그리고 3개월 뒤에 다시 모이기로 했다.

대부분은 각 리더의 집에서 모였다. 다른 이들은 한강공원, 커
피숍, 노래방 등에서 모였다. 어느덧 약속한 날이 되었다. 성탄
절에 모인 우리는 부둥켜안고 울었다.

3개월이 지나면서 모임들이 성장했다. 그 중에서도 제임스 목사의 모임은 열 배나 성장했다. 그는 주일예배를 자신의 이태원 집에서 의자도 없이 드렸는데 사람들이 자꾸 왔다고 말했다.

그날 웨이처치가 또 하나 개척되었다. 우리는 그곳을 영어 사용자들의 모임이 있는 장소 거리명을 따서 '웨이처치 경리단'으로 불렀다.

개척을 선언한 모임은 하나 더 있었다. 그들은 성경통독 교사들로 구성된 모임이었다. 이들은 주일예배를 직접 진행하는 동안 큰 감동과 교회 개척에 대한 확신을 갖게 되었다. 게다가 리더인 수학교사 집사님이 영혼들을 끌어안고 직접 목양을 진행하던 중에 목회자로의 부르심을 확신했다.

그가 신학대학원에 진학하면서 또 하나의 웨이처치가 시작되었다. 우리는 '웨이처치 성통(성경통독교회)'이라고 불렀다.

웨이 네트워크

흩어졌다 모이기를 한 번 했을 뿐인데 교회 수가 배가됐다. 게다가 서로 떨어져 있지만 웨이처치 DNA를 공유하고 있는 교회들도 늘었다. 시간이 더 흐르면서 홍대, 이태원, 경리단, 성통뿐만 아니라 수원과 합정에도 웨이처치가 생겼다.

교회들은 서로에게 복종했고, 성도마다 예수님을 담임목사님이라고 불렀다. 교회로 나가는 것이 아니라 교회를 들고 세상으로 들어가려는 사람들이 늘었고, 이들은 '웨이 네트워크'라는 이름을 얻었다. 입소문이 금방 퍼졌다. 가는 곳마다 웨이처치를 아는 젊은이들과 그 교회론을 연구하는 모임이 있었고, 제자화 모임을 통해 교회를 시작하려는 젊은 목회자들이 있었다.

내가 스무 살에 처음 이 여정을 시작할 때가 떠오른다. '어떻게 땅 끝까지 복음을 전할 수 있는가'라는 질문에 사로잡혔던 첫날이 추억된다. 이 질문은 오랫동안 하나님의 광야를 지나며 숙성되고 정렬되었다.

땅 끝까지 복음을 전하기 위해 모슬렘 선교를 어떻게 효과적으로 할 것인가(모슬렘 선교를 위해 우리는 선교론을 어떻게 바꾸어야 하는가)? 그런 선교론을 세우기 위해 우리는 어떤 교회론을 가져야 하는가(선교와 교회가 동일시되는 교회를 어떻게 할 수 있는가)?

지금 우리는 웨이 네트워크의 출발점에 서서 다시 한 번 질문을 준비하고 있다.

만약, 수백만 명의 성도들이
한 교회에 속해있으면서도
동시에 수십만 개의 작은 그룹들로
각 나라와 각 민족과 각 지역에

흩어져서 존재하며
예수님의 리더십에 의해
제자열매들의 영적 재생산을 하며
서로 네트워크의 형태로 존재하는 것이
얼마든지 가능한 일이라면?
만약, 그런 것이 교회의 본모습이라면?

교회로 사는 사람들

두 번째 책을 마치니 장마가 시작되었다.
땅 위로 피신한 벌레들을 쫓아 새들이 낮게 나는 동안
비 맞은 마늘밭 흙내, 과수원에 영글던 자두내,
여름 향기마다 일거리도 지천이다.

낡은 가방에 성경 하나 지고 녹슨 자전거로
한 번에 한 사람씩 심방하시던 할아버지 목사님,
밤 내린 귀갓길, 하늘에 별처럼 새겨진 붉은 십자가,
눈물 젖은 마룻바닥과 푹 꺼진 기도방석,
바람이 닦아둔 길로 지나던 구름과
구름이 깔아둔 길로 들이치던 참새떼까지….

중년이 된 것일까?

새록새록 유년의 기억이 사무친다.

주님 다시 돌아오실 날을 손꼽아 기다리던

꼬치산 그 언덕길에서

"잘하였도다 착하고 충성된 종아"라는 말을

듣고 싶다며 울먹이던 소년이

'세상에 사는 동안 주님 흥하시고 나는 쇠했다'라며

주님 품에 안겨 아직도 울먹이고 있어 다행이다.

그날이 오면

주님이 이미 지나셨던 길이라 찾기 쉬웠고,

또 다른 제자들이 희생해온 길이라

나도 덩달아 호기로웠다며 감사하고 싶다.

그리스도의 계절이 오면

본향에서 맞이할 전우들도 그립다.

어두울수록 별이 더 빛나듯

인생길 짧은 여정 중 만난 교회들이 반갑게 반짝인다.

비록 본향 가는 길을 그리며 느릿하게 움트지만,
더디다고 포기하지 않는 사람들은 어디나 있다.
끝까지 십자가를 체득하며 교회로 사는 사람들은
소명의 길에서 이정표가 되어준다.
이 책도 또 누군가에게 이정표가 되면 좋겠다.
특히, 사랑하는 웨이처치 식구들에게!

교회 개척자는 적극적인 모금자가 되어야 한다. 이를 위해 먼저 기도하며 후원자 명단을 적는다. 그리고 다시 기도하며 그들과 각각 약속을 잡고, 만나서 어떤 교회를, 왜, 어떻게 하려고 하는지 잘 설명해야 한다. 교회 개척 제안서를 작성해서 프레젠테이션하는 것이 매우 효과적이다.

다음은 리버티대학교의 데이브 얼리Dave Early 교수가 추천하는 개척제안서 내용이다.

1. 목적
- 소명과 그 확신에 대해
- 비전에 대해
- 방법론에 대해
- 구체적 필요들에 대해

2. 대상
- 사역의 대상이 누구인가?
- 그 대상에 대해 어떻게, 얼마나 이해하고 있는가?

3. 어떤 모델인가?
- 교회의 핵심가치는 무엇인가?
- 교회의 사명을 어떻게 기술하고 있는가?

- 사역 스타일은 어떠한가?
- 그 모델이 어떻게 실행될지에 대한 예상 흐름도

4. 그 일을 누가 하는가?
- 교회를 시작하는 팀이 누구인가?
- 사역 파트너들에 대한 프로필
- 각각의 역할에 대한 설명
- 팀 멤버들 각자의 필요에 대한 설명

5. 언제 어떻게 시작할 것인가?
- 전략에 대한 포괄적 설명
- 최초 3년간의 예상 타임라인
- 핵심멤버들core group의 모집 방법

6. 재정을 어떻게 확보할 것인가?
- 어디에 얼마가 왜 필요한가?
- 어떻게 마련할 것인가?

Q1. 웨이처치는 주일예배 시간과 장소를 대중에게 공개하지 않는다고 들었다. 그 이유가 뭔가?

우리는 성도 각자의 전도와 제자화 안에서 관계의 연결고리가 있는 사람들에 한해서 주일예배에 참여하는 것을 원했기 때문이다. 이를 통해 '제자화 문화'가 먼저 우리 안에 정착된다면, 그 다음에는 누군가가 주일예배에 동참하더라도 무리 없이 제자화 중심의 교회를 해나갈 수 있다고 때문이다. 지금은 제자화 문화가 어느 정도 정착되었다는 판단 하에 주일예배 시간과 장소를 공개하고 있다.

Q2. 누구를 제자로 삼을 것인가?

"합당한 자"(마 10:11)를 찾아서 제자로 삼아야 한다.

Q3. "합당한 자"는 어떻게 찾는가?

전도를 통해 누가 합당한 자인지 알 수 있다. 합당한 자는 우리가 전한 그리스도의 복음을 받아들이는 자이다. 복음은 예수님을 아예 안 믿는 사람뿐만 아니라, 예수님을 제대로 믿지 않는 사람에게도 전해야 한다(마 10:6). 복음을 받아들였다고 해서 모두가 제자화의 대상은 아니다. 복음을 받아들인 사람들 중, 전도자에게 호의를 베풀어주는 사람이 "합당한 자"이다(눅 10:7-10).

Q4. "합당한 자"를 제자로 삼아서 무엇을 해야 하나?

예수님이 분부하신 모든 것을 가르쳐 지키게 해야 한다(마 28:18-20). 일주일에 3회 이상을 "합당한 자"와 함께 시간을 보낸다. 식사도 좋고, 운동도 좋고, 커피타임도 좋다. 그들과 시간을 함께 보내면서, 기도와 말씀을 공부한다(주교재는 성경책 한 권 전부이며, 자신의 수준에서 가르치고 안내하며 함께 공부한다). 이때 성경통독클럽과 웨이 아카데미Way Academy의 도움을 받을 수 있다.

매일 15분 이상 시간을 정해서 "합당한 자"의 이름을 부르며 기도한다. 한 달에 한 번은 밤새도록 그의 이름을 부르며 그를 위해 3시간 이상 집중 기도한다.

Q5. 웨이처치 제자화는 어떻게 이루어지나?

디모데후서 2장 2절의 말씀대로 제자화의 4세대까지 진행한다.

먼저 자신을 1세대로, "합당한 자"를 2세대로 본다. 2세대가 또 다른 사람을 제자화하고(3세대), 그가 또 다른 사람을 제자화(4세대)하게 되면, 2-4세대를 하나의 그룹으로 묶어서 "교회"라는 호칭을 주고, 모든 제자화 권한을 2세대에게 위임해준다.

만약 새로운 그룹이 기존 모임과 다른 "형태"를 가지게 되었다는 판단이 1세대와 2세대의 관계 안에서 확인되면, 그들은 독립된 또 하나의 교회로 개척을 선언하게 된다. 개척과 교회 독립은 그들이 주일 예배를 따로 드림으로써 진행한다.

끝까지 가라

초판 1쇄 발행	2017년 8월 1일
지은이	송준기
펴낸이	여진구
책임편집	김아진, 서용연
편집	안수경, 이영주, 최현수
책임디자인	이혜영, 마영애 ㅣ 노지현

기획·홍보　김영하　　　　　　　해외저작권　기은혜
마케팅　김상순, 강성민, 허병용　마케팅지원　최영배, 정나영
제작　조영석, 정도봉　　　　　　경영지원　김혜정, 김경희

이슬비전도학교　최경식　　　　　　303비전성경암송학교　박정숙
303비전장학회 & 303비전꿈나무장학회　여운학

펴낸곳　규장

주소　06770 서울시 서초구 매헌로 16길 20(양재2동) 규장선교센터
전화　02)578-0003　　팩스　02)578-7332
이메일　kyujang0691@gmail.com　　홈페이지　www.kyujang.com
페이스북　facebook.com/kyujangbook　인스타그램　instagram.com/kyujang_com
카카오스토리　story.kakao.com/kyujangbook
등록일　1978.8.14. 제1-22

ⓒ 저자와의 협약 아래 인지는 생략되었습니다.
이 출판물은 저작권법에 의해 보호를 받는 저작물이므로 무단 전재와 무단 복제를 할 수 없습니다.

책값　뒤표지에 있습니다.
ISBN　978-89-6097-505-7　03230

규 ㅣ 장 ㅣ 수 ㅣ 칙

1. 기도로 기획하고 기도로 제작한다.
2. 오직 그리스도의 성품을 사모하는 독자가 원하고 필요로 하는 책만을 출판한다.
3. 한 활자 한 문장에 온 정성을 쏟는다.
4. 성실과 정확을 생명으로 삼고 일한다.
5. 긍정적이며 적극적인 신앙과 신행일치에의 안내자의 사명을 다한다.
6. 충고와 조언을 항상 감사로 경청한다.
7. 지상목표는 문서선교에 있다.

하나님을 사랑하는 자 곧 그의 뜻대로 부르심을 입은 자들에게는 모든 것이 合力하여 善을 이루느니라(롬 8:28)

규장은 문서를 통해 복음전파와 신앙교육에 주력하는 국제적 출판사들의
협의체인 복음주의출판협회(E.C.P.A:Evangelical Christian Publishers
Association)의 출판정신에 동참하는 회원(Associate Member)입니다.